Beltz Taschenbuch 26

Über dieses Buch:
Gewalt hat verschiedene Gesichter und verschiedene Vorgeschichten. Oft ereignet sie sich unmittelbar vor unseren Augen, ohne daß wir sie als solche wahrnehmen. Aber so unterschiedlich die einzelnen Vorgeschichten auch sein mögen, oft findet sich ein gemeinsamer, fataler Kreislauf: Angst erzeugt Gewalt und Gewalt erzeugt Angst. In diesem Buch geht es darum, wie dieser Kreislauf durchbrochen werden kann, bzw. wie ein innerer Druck, der zu Gewaltausübung bei Kindern, Jugendlichen und Erwachsenen führt, erst gar nicht entsteht. Der Autor zeigt anhand von vielen Beispielen auf, wie sich der angeborene Bindungstrieb, der bereits beim Säugling sichtbar wird, gegen die latente Gewaltbereitschaft des Einzelnen am besten entfalten kann.

Der Autor:
Eckhard Schiffer ist analytisch orientierter, ärztlicher Psychotherapeut und hat zusätzlich ein philosophisches Studium absolviert. Von ihm sind bisher erschienen: *Warum Huckleberry Finn nicht süchtig wurde. Anstiftung gegen Sucht und Selbstzerstörung bei Kindern und Jugendlichen* und *Der kleine Prinz in Las Vegas. Spielerische Intelligenz gegen Krankheit und Resignation.*

Alexander Pey, der das Buch illustriert hat, arbeitet in Köln als freischaffender Künstler.

Eckhard Schiffer

Warum Hieronymus B. keine Hexe verbrannte

Gewaltbereitschaft bei Kindern und Jugendlichen erkennen – Gewalt vorbeugen

Mit Illustrationen von Alexander Pey

BELTZ
Taschenbuch

Besuchen Sie uns im Internet
http://www.beltz.de

Beltz Taschenbuch 26
1999 Beltz Verlag, Weinheim und Basel

Umschlaggestaltung: Federico Luci, Köln
Umschlagbild: Hieronymus Bosch, Das jüngste Gericht
(Mitteltafel, Detail)
Satz: Satz- und Reprotechnik GmbH, Hemsbach
Druck und Bindung: Druckhaus Beltz, Hemsbach
Printed in Germany

ISBN 3 407 22026 X

Inhaltsverzeichnis

I
Wer ist Hieronymus B.?
Warum und für wen dieses Buch geschrieben wurde

»Lehrling legte Bombe aus Spaß am großen Knall.«

Neue Osnabrücker Zeitung am 11. 2. 85

»Die grundlose, spontane Gewalttätigkeit, die als Element unseres westlichen Lebensstils mittlerweile stillschweigend akzeptiert wird, wäre einem Bürger aus 's-Hertogenbosch recht vertraut gewesen – vielleicht hätte ihn das Fehlen von Galgen und Schafott verblüfft...
Als Bosch* geboren wurde, war eine Weltordnung im Begriff sich aufzulösen.«

Peter S. Beagle

Seit 10 bis 15 Jahren werden die Schlagzeilen zu scheinbar grundloser, spontaner Gewalttätigkeit, insbesondere von Jugendlichen immer beunruhigender. Und es sind auch schon Kinder, deren Brutalität uns schockiert.

Die Fragen, die dazu laut werden, drängen verständlicherweise nach raschen Antworten.

Nun hat »jedes komplizierte Problem eine einfache Lö-

* Hieronymus Bosch, 1450–1516.

sung, und die ist gewöhnlich falsch« – so der Psychoanalytiker Leon Wurmser. Das gilt auch für die Gewalt.

Gewalt hat verschiedene Gesichter und verschiedene Vorgeschichten, oft ereignet sie sich auch unmittelbar vor unseren Augen, ohne daß wir sie als solche wahrnehmen. Als *Erwachsene* sind wir zumeist schon blind für das, was Kinder noch sehen und spüren können.

Aber so unterschiedlich die einzelnen Vorgeschichten auch sein mögen, oft findet sich dennoch ein gemeinsamer, ein fataler Kreislauf: Angst erzeugt Gewalt, Gewalt erzeugt Angst und so fort. Und dann sind wir gelegentlich sehr verblüfft über das, was geschieht, wenn es zumindest für einen Augenblick noch gelingt, diesen Kreislauf zu unterbrechen. Hierfür gleich ein Beispiel: Alexander Pey, Mitgestalter dieses Buches, hatte von April bis Oktober 1992 in Mülheim/Ruhr Bilder auf der Straße ausgestellt. »Kunst raus« hieß doppelsinnig diese Ausstellung, die unter anderem von der Stadt und zwei Kirchengemeinden organisiert worden war. Tatsächlich war die Reaktion der Straßenpassanten auf die Bilder nicht selten reichlich heftig und dann auch gewalttätig aufgeladen. Die Kommentare reichten von der entwertenden Bemerkung, »das hätten meine Kinder ja auch gekonnt«, bis zu der Äußerung, daß »man vor 50 Jahren den Künstler samt seinen Bildern hätte verbrennen dürfen«. Einige Bilder wurden auch zerstört.

Ein Bild (1,5 m × 1,5 m) aus dieser Ausstellung hängt nun mit einem anderen Bild – ebenfalls von Alexander Pey – seit Anfang 1993 in meinem Sprechzimmer.

»Ob ich meinen Patienten angst machen wollte«, fragten mich einige besorgte MitarbeiterInnen. In der Tat, Angst wurde von nicht wenigen Patientinnen und Patienten, die die Bilder wahrnahmen oder die ich auf die Bilder hin ansprach, in unterschiedlicher Art und Weise artikuliert:

»Die Bilder wühlen mich auf, sie machen mir angst, genauso sieht es auch in mir selbst aus ...

Das sieht nach Krieg aus, da brennt die Seele lichterloh ...

Das Bild ist beeindruckend, es gefällt mir auch irgendwie, es ist aber auch furchterregend ...

Das ist, als ob einem die Seele zugemauert wird, darf ich mal fragen, wie Sie das aushalten können, die Bilder täglich anzusehen ...? Wenn ich die Bilder sehe, dann denke ich an eine brennende Arche Noah ...

Die Bilder begeistern mich, machen aber auch angst ...«

Im Schutz des therapeutischen Raumes konnten die Patientinnen und Patienten ihre Angst benennen. Sie waren bei sich und konnten ihre Angst ausdrücken, dabei etwas von ihrem inneren Druck, der sich bei der Betrachtung der Bilder aktualisierte, loswerden – ohne gewalttätig werden zu müssen.

Hier war der Teufelskreis von Angst und Gewalt für einen lichten Augenblick unterbrochen.

Und darum geht es zunächst in diesem Buch: etwas von dem inneren Druck loswerden können – ohne Gewalttätigkeit. Ich vermute, daß der Dortmunder Lehrling unter einem großen inneren Druck gestanden hat, als er die Bombe »aus Spaß an dem großen Knall« legte.

Über eine Lebensgeschichte, in der ein wahrscheinlich vergleichbarer Druck entstanden ist, der aber anders gelöst werden konnte, berichte ich gleich im nächsten Kapitel.

Es geht in diesem Buch aber auch darum, nach Möglich-

keiten zu suchen, einen derartigen inneren Druck erst gar nicht entstehen zu lassen.

Es sind damit die Möglichkeiten einer Früherkennung und *Vorbeugung* gegen Gewalt gemeint, die wir nicht ungenutzt vorüberziehen lassen sollten. Im Grunde gilt hier ein ähnliches Prinzip wie bei der Vorbeugung gegen Sucht. Sucht als Krebserkrankung der Seele hat nur wenig gute Aussichten auf Heilung, wenn sie erst einmal ausgebrochen ist, ebenso auch die Gewalt als Krebserkrankung der Beziehung der Menschen untereinander.*

Ist Gewalt erst einmal ausgebrochen, helfen sehr oft nur gewalttätige Gegenmaßnahmen – wie »Stahl und Strahl« bei Krebs. Zumindest scheint dies oft der Weisheit letzter Schluß zu sein. Woher ich eigentlich den Optimismus nehme, daß Vorbeugung und ein gelingender Aus-Druck bei Gewalt möglich sind?

Ganz einfach und vollständig ist meine Antwort sicherlich nicht. Ich hoffe jedoch, daß ich diese bis zum Schluß dieses Buches der Leserin und dem Leser werde vermitteln können.

Es geht vor allen Dingen darum, die schöpferischen Kräfte und Möglichkeiten in jedem Menschen in ihrer Entfaltbarkeit aufzuzeigen. Konkret sind damit z. B. der angeborene Bindungstrieb sowie der ebenso angeborene Erkundungstrieb (Explorationstrieb) gemeint. Von beiden wissen wir aus

* Eine nähere Definition von Gewalt ist im Anhang gegeben. Dort werden auch verschiedene Schlüsselbegriffe näher erläutert.

der modernen, beobachtenden Säuglingsforschung. In beiden Trieben kann ein Herantreten an ein Du bzw. an die Mitwelt gut aufgehoben sein. Und wenn das Herantreten, das *aggredi*, gut aufgehoben ist, dann erscheint es als Aggression weniger bedrohlich. Wir müssen es dann zumindest nicht permanent fürchten. Dieser etwas abstrakt beschriebene Vorgang ereignet sich ganz handfest im Spielen im Sinne von »play« und »fair play«. Spielen als Vorbeugung und Therapie bei Gewaltproblemen stellt eine ganz entscheidende Möglichkeit dar. Nicht immer ist diese so leicht darzustellen wie anhand der folgenden kurzen Fallskizze:

Die noch sehr junge Mutter kam mit ihrem einjährigen Kind nur sehr ungern zu uns zur stationären Therapie. Sie war vom Jugendamt vor die Wahl gestellt worden, entweder »eine Therapie zu machen« oder das Sorgerecht für ihr Kind zu verlieren.

Vorausgegangen war, daß sie ihr Kind in ein – anderes – Krankenhaus hatte bringen müssen, wo man einen Schädelbasisbruch feststellte. Der dringende Verdacht, daß dies die Folge eines gewalttätigen Umganges der Mutter mit dem Kind sein könnte, war von dem Krankenhaus dem Jugendamt gemeldet worden. Daraufhin ist der Mutter untersagt worden, das Kind aus der Klinik wieder zu sich mit nach Hause zu nehmen. Als die junge Mutter zu uns kam, war sie ziemlich verzweifelt. Sie bestritt entschieden, dem Kind Gewalt angetan zu haben.

Ein »Rahmenabkommen« unsererseits mit der Mutter zu einer Therapie war nur möglich, indem wir ihr zusagten, daß wir nicht »Detektiv spielen« wollten, um herauszufinden, wer nun wirklich diesem Kind die Verletzung zugefügt hätte. Wir wollten ihr nur helfen, mit all den Spannungen und Konflikten, die sie in der letzten Zeit – auch im Rahmen ihrer

Elternfamilie – erlebt hatte, gelassener umgehen zu können. Dies würde sicherlich auch Einfluß auf die Beziehung zu ihrem Kinde haben. Wir hofften, dem Jugendamt dann gegenüber vertreten zu können, daß keine Einwände mehr gegen die volle Verantwortlichkeit ihrerseits für das Kind bestünden.

Die Therapie erwies sich zunächst als sehr schwierig. Unsere junge Patientin zeigte sich »sehr bockig«, war für kein Gespräch zu haben, ließ dabei keine Möglichkeit aus, zu betonen, daß sie doch »normal« sei. Das Verhältnis zu ihrem Kind, das auf ihrem Zimmer mit untergebracht war, erwies sich ebenfalls als nicht unproblematisch. Sie vernachlässigte das Kind sehr häufig und überließ es der Pflege und Zuwendung seitens der Schwestern.

Eine Änderung, die sich dann geradezu dramatisch auswirkte, trat erst ein, als sie im Rahmen der Gestaltungstherapie ihre spielerisch-schöpferischen Möglichkeiten entdeckte. Über das Malen und Modellieren blühte unsere Patientin förmlich auf. Sie konnte gestalterisch auch Situationen aus ihrer eigenen Elternfamilie darstellen und darüber mit ihrer Therapeutin ins Gespräch kommen. Gleichzeitig eröffnete sich ihr die Möglichkeit, mit ihrem Kind – ich drücke das jetzt mal etwas altmodisch aus – freudigen Herzens zu spielen. Die Beziehung zu ihrem Kind war auf einmal ganz anders, nicht mehr nur lästige Pflicht, sondern über weite Strecken ein bejahendes Miteinander. Wir hatten den Eindruck, als ob sie das, was sie in den spielerischen

Freiräumen der Gestaltungstherapie für sich entdeckt hatte, nun in der Beziehung zu ihrem Kind zum Wohle beider weiter vertiefen konnte.

In diesem Buch geht es nun auch darum, die unverzichtbaren Freiräume für solch ein Spielen – die wir in der Klinik als Reservate gewissermaßen »nachstellen« – für das Alltagsleben auffindbar werden zu lassen. Und es geht ebenso darum, diese Freiräume, die immer mehr zubetoniert werden, einforderbar werden zu lassen. Dieses Zubetonieren von Freiräumen ist auch Gewalt, allerdings sehr oft in verdeckter Form.

Es werden in diesem Buch also keine kurzfristig wirksamen Rezepte für aktuelle Gewaltprobleme geliefert. Ich bezweifle im übrigen, daß es solche überhaupt gibt.

Es geht in diesem Buch vielmehr, wie schon erwähnt, um Vorbeugung. Der erste Schritt für eine solche Vorbeugung wäre der Versuch, für das eigene Erleiden von Gewalt sensibel zu werden. Dann wäre die Chance größer, daß wir nicht aus der Abwehr unseres eigenen Leidens heraus Gewalt und Gewaltstrukturen an unsere Kinder weitervererben. Damit ist in einem weiteren Schritt auch eine Ermutigung für die Leserin und den Leser gemeint, die Welt wieder einmal aus der Perspektive der Kinder heraus wahrzunehmen.

Dieses Buch möchte so auch zur Teilnahme an einem inneren Prozeß ermutigen. Gemeint sind Bewegungen, auch des Gemütes, die dem Verfassen des Textes vorgängig waren bzw. dieses begleiteten. Vielleicht können Sie als Leserin und Leser sich ebenfalls auf einen solchen inneren Prozeß einlassen. Einen assoziativen Anreiz hierzu mögen auch die Gestaltungen von Alexander Pey in diesem Buch geben, die gleichzeitig zum Verweilen und Wahrnehmen einladen wollen.

Dieses Buch versteht sich in verschiedener Hinsicht als Pro-Vokation – Anruf, Lockruf, Anstachelung. Es ist also keine Einladung zum Lammfrommsein gemeint. Im Gegenteil, Aufsässigkeit und Zivilcourage sind oft erforderlich, wenn es darum geht, den Anfängen verdeckter oder offener Gewalt zu begegnen. Ich schließe an Gedankengänge an, die ich bereits im »Huckleberry Finn«* vorgelegt habe. Die Kenntnis dieses Buches wird jedoch nicht vorausgesetzt. Gewalttätigkeit hat sehr oft einen ähnlichen Hintergrund wie die Neigung zu Suchterscheinungen. Darum meine ich auch, daß es kein Zufall ist, daß wir in den letzten 15 Jahren nahezu parallel verlaufend eine Zunahme sowohl von Sucht- als auch Gewaltphänomenen bei Jugendlichen beobachten. Gewalt erscheint oft als »Schiefheilung« von Suchtproblemen:

Die zerstörerischen Kräfte richten sich bei offener Gewalt eben nach außen auf andere und nicht mehr gegen die eigene Person, die durch die Sucht zugrunde gerichtet wird.

---

* »Warum Huckleberry Finn nicht süchtig wurde. Anstiftung gegen Sucht und Selbstzerstörung bei Kindern und Jugendlichen.« Weinheim/Berlin 1993: Beltz Quadriga.

Bereits 1981 verwies Norbert Elias aus sozialwissenschaftlicher Sicht auf ein gemeinsames »weites Rekrutierungsfeld nicht nur für Drogenhändler«, sondern auch zukünftige gewalttätige »Radikalbewegungen« jeglicher Art.

Die alkoholisierten Hooligans, der »Spaß am großen Knall« und Sprüche wie »Gewalt ist geil« verweisen heute auf gemeinsame Symptome und Ursprünge der zunehmenden Sucht- und Gewaltproblematik. Eine quälende innere Leere und »der große Frust« erscheinen dabei sehr oft als Lebensgrundgefühl.

Jede einzelne Leidensgeschichte hat darüber hinaus ihre individuellen Eigentümlichkeiten. Ihr letzter Abschnitt mündet jedoch sehr oft in das eben schon genannte »weite Rekrutierungsfeld«.

Bei meinem Patienten, von dem gleich im nächsten Kapitel die Rede sein soll, waren es Verzweiflung und Angst vor Selbstverlust, die hinter seiner Neigung zu Brutalität und Gewalt auftauchten.

Die Lebens- und Krankengeschichte dieses Mannes hat mich sehr bewegt, erschüttert. Dann aber auch faszinierte es mich, welche Möglichkeiten er einsetzen konnte, um mit seinen quälenden Gewaltimpulsen (über-)leben zu können:

Es waren seine schöpferischen Kräfte in ihm, die ihm ermöglichten, der Katastrophe zu entgehen.

Schöpferische Kräfte gegen gewalttätige Zerstörung und Selbstzerstörung, schöpferische Kräfte für einen gelingenden Aus-Druck – diese Devise hat in den letzten Jahren bei Krankheiten mit zerstörerischen und selbstzerstörerischen Impulsen zunehmend unser Handeln innnerhalb der Klinik bestimmt.

Warum aber sollte diese Devise auf die Klinikarbeit beschränkt bleiben?

Dieses Buch stellt den Versuch dar, etwas von den Möglichkeiten und Chancen aus unseren Erfahrungen – für alle, die mit Kindern und Jugendlichen zu tun haben – »nach draußen« zu transportieren.* Davon also jetzt gleich mehr im folgenden Kapitel über Hieronymus B. – so habe ich den oben erwähnten Patienten für mich benannt.

* Die hier angeführten Krankengeschichten beziehen sich auf Therapien, die bereits abgeschlossen sind. Die Namen und Daten sowie andere situative Gegebenheiten wurden soweit als möglich verändert, um die Anonymität der Betreffenden zu wahren. Dieses Bemühen kollidiert gelegentlich mit dem Anspruch auf Plausibilität und Authentizität. Im Zweifelsfalle hatte jedoch stets die Schutzbedürftigkeit des Patienten Vorrang.
Mein Patient Hieronymus B. hat mir ausdrücklich die Genehmigung erteilt, auch seine Bilder in diesem Buch zu veröffentlichen.

II
Begegnung mit Hieronymus B.

»Ich wuchs in den Jahren nach dem 2. Weltkrieg auf, in einer Zeit, als der Holocaust noch keinen Namen hatte; was den europäischen Juden geschehen war, war noch zu gewaltig, als daß die Sprache es bereits hätte absorbieren können. Dazu kam ein zweiter Faktor, fast ein Name, den ich mit meinem eigenen lernte: Hiroshima. Da ich bereits in früher Jugend von diesen entsetzlichen Ereignissen vernommen hatte, kann ich mich kaum an eine Zeit erinnern, zu der ich nicht wußte, daß es nichts, gar nichts gibt, das Menschen nicht aus reinem Vergnügen einander antäten – und daß das Böse weder in dieser Welt verhindert, noch in der nächsten bestraft wird (...) Wir nennen es das ›existentielle Dilemma‹ oder die ›conditio humana‹, doch die Welt des Hieronymus Bosch nannte es den Teufel.«

Peter S. Beagle

Der Vater war Nazi aus Überzeugung – auch nach dem Kriege noch. Seinen Sohn lehnte er als Mickerling verächtlich ab, viel lieber hätte er, auch seinen eigenen Worten nach, eine Tochter als noch einen Sohn gehabt. Dieser spürte die verächtlichen Blicke seines Vaters in seinem Rücken wie Na-

delstiche. Er fürchtete seinen Vater und bewunderte ihn gleichzeitig, sehnte sich nach dessen Anerkennung und haßte ihn aber auch. Verklemmt und prüde, brauchte jener oft noch nicht einmal Alkohol, um Sätze von sich zu geben wie: »Toll, den jungen Judenweibern die Haut vom Rücken abzuziehen und Lampenschirme daraus zu machen ...«

Dann konnte er aber auch fürsorglich-besorgter Familienvater sein: »Wenn es keine Milch gab, dann ging mein Vater Blut spenden, um die Milch, die er bekam, uns Kindern zu geben.«

Hieronymus meidet die Begegnung mit dem Vater, so gut er kann. Er spielt viel allein, trainiert später als »Einzelkämpfer, Waldläufer und Forscher in der Wildnis« (s. Bild S. 21 unten). Sein Spielen hat viel Ähnlichkeit mit dem von Huckleberry Finn, Tom Sawyer und deren Freunde. Nur – er spielt allein. Ein »Raufen« mit den anderen findet nicht statt. (s.a. Kap. VI).

Mit Beginn seiner Pubertät verspürt er zu seinem Entsetzen immer häufiger und mit zunehmender Intensität drängende Impulse, jungen Mädchen die Haut vom Rücken zu reißen, diese zu zerstückeln. Die inneren Bilder beherrschen ihn, drängen immer wieder zum Handeln. Hieronymus ist verzweifelt. Nichts hilft, weder Beten noch Fasten, auch kein Dauerlauf bis zum Umfallen oder andere Formen der Selbstmarterung.

Dann entdeckt Hieronymus jedoch, daß das Malen seiner nach Handlung drängenden Phantasien ihm Erleichterung verschafft. In seiner Not übt er sich im Skizzieren seiner Phantasien bis zur größten Perfektion. Er preßt und knetet – so seine eigenen Worte – die nackten Leiber auf seinen Bildern und macht sie sich verfügbar als Herr über Leben und Tod – um sie dann in einer Hölle von Leiden verstümmelt und zerstückelt sterben zu lassen. Wenn er malt, schließt er sich für eine halbe Stunde in seinem Zimmer ein, um dann die soeben angefertigten Bilder in einem Erregungssturm wieder zu vernichten.

Er wird auf diese Weise jedesmal so viel von seinem Druck los, daß er nach außen unauffällig und später auch beruflich erfolgreich existieren kann.

In der Zeit, in der er seine spätere Frau kennenlernt, geht es ihm besser. Die drängenden Impulse lassen deutlich nach.

Beide, Hieronymus und seine Frau, bringen aus ihrer Lebensgeschichte die Erfahrung mit, in ihrer Leiblichkeit verachtet worden zu sein: Hieronymus über seinen Vater, seine Frau durch deren Mutter. Indem sie sich beide wechselseitig annehmen können – und lieben –, wie sie sind, geht es ihnen beiden gut. »Es war die schönste Zeit in unserem Leben«, stimmen sie auch später überein.

Hieronymus' Impulse brechen erneut hervor, als sich Kinder einstellen. Er verfährt mit diesen Impulsen wie gewohnt. Als seine Frau ihn dabei entdeckt und bittet, zum Arzt zu gehen, droht er mit Suizid.

Nein, damit zum Arzt gehen, das werde er auf keinen Fall!

Halbwegs beruhigt scheint seine Frau jedoch zu sein, nachdem sie sich allein an einen Psychiater gewandt und von diesem gehört hatte, daß ihr Mann nicht gefährdet sei und nicht gefährlich werden könne, solange er male.

Jedoch erkrankt sie bald darauf. Deutlich ist ihr selbst der psychosomatische Charakter der Erkrankung, die sie später in unsere stationäre Behandlung führt.

Bald nach Beginn der Therapie träumt sie:

»Wind, Meer, langer und nasser Mantel, der wie ein Segel weht und meine Standfestigkeit beeinträchtigt. Ich stehe auf einer Bune, einem langen Damm ins Meer, schau in das Wasser, überall auf dem Meeresgrund Drachen und kleine Frösche, die ihren Rachen aufsperren. Dann höre ich: Menschen können auch auf dem Meeresgrund leben. Ich dachte so, dann will ich lieber ertrinken.«

Weitere Gedanken zu dem Traum »Frösche, so ein Ekel ... nackt, Wasser, Schlamm«. Und: »Früher fand ich es schön, nackt am Wasser und am Strand zu sein. Heute habe ich Angst, kann kaum noch nackt in der Badewanne sitzen.«

Über den Traum kommt sie auf ihren Mann zu sprechen. Dessen Problematik hatte sie bislang nicht thematisiert.

In den bald darauf folgenden Ehepaargesprächen – zu denen der Ehemann nur unter der Voraussetzung, daß seine Problematik nicht angesprochen werde, eingewilligt hatte – bricht es nach kurzer Zeit aus diesem heraus: Er möchte jetzt doch darüber sprechen, nachdem er erfahren habe, daß er durch mich (E. S. als Therapeut) nicht verurteilt werde.

So erfahre ich nun von ihm seine Lebensgeschichte. Die Paargespräche wandeln sich streckenweise in eine Einzeltherapie für Hieronymus. Seine Frau hört weitgehend nur zu – gebannt und gespannt. Ihre psychosomatische Symptomatik ist deutlich rückläufig.

Hieronymus berichtet, daß er auf seinen Bildern zugleich Täter und Opfer sei. Mit den jungen Mädchen, denen die Haut vom Leibe gerissen werde, sei er auch identifiziert: »Früher schon hatte ich oft den Gedanken, daß ich viel lieber ein Mädchen wär, … vielleicht weil mein Vater lieber eine Tochter gehabt hätte.«

Eines Tages bringt Hieronymus einige Bilder mit: Diese seien seine letzten gewesen, auch schon viel weniger dramatisch (s. Bilder S. 25 und 26 oben). »Und jetzt ist Frieden auch in mir«, damit zeigt er auf das zuunterst liegende Bild (s. Bild S. 26 unten).

Viele Jahre später habe ich Hieronymus B. wiedergetroffen – als ich ihn fragte, ob ich seine Geschichte veröffentlichen dürfte. Zu erfahren war von ihm, daß sein Leben für ihn weiterhin akzeptabel gewesen sei. Schwierigkeiten hat es in der Familie von einer anderen Richtung her gegeben, die aber in keinem Zusammenhang mit seiner Geschichte stand.

In eine vorübergehende Krise sei er selbst jedoch bei dem Tode seines Vaters vor einigen Jahren geraten. Er habe sich innerhalb dieser Zeit wiederum selber mit seinem Malen helfen können. Es seien aber »sanftere« Bilder gewesen als

vordem. So sei das Bild mit dem Leguan (s. Bild I) in dieser Zeit entstanden. Aus diesem Grunde habe er es auch zu dem Gespräch mitgebracht.

Hieronymus' Lebens- und Leidensgeschichte einschließlich seiner Bilder haben mich sehr bewegt. Ich habe seine Geschichte »nicht einfach in der Klinik lassen können«, ich habe mich damit lange auseinandersetzen müssen. Im Grunde war diese Begegnung für mich auch der Anlaß, dieses Buch zu schreiben. Es hat allerdings sehr lange Zeit gebraucht, bis ich meinte, so einigermaßen verstanden zu haben, was in dem Leben von Hieronymus und seiner Frau – und dann auch in der verhältnismäßig kurzen Zeit der gemeinsamen Therapie – alles geschehen war.

Ich habe auch längere Zeit gebraucht, um zu verstehen, was in mir selbst in der Begegnung mit Hieronymus vorgegangen war. Ich hatte sehr widersprüchliche Gefühle diesem Mann gegenüber. Da war einerseits das Erschrecken. Auf der anderen Seite rührte mich aber etwas stark an. Ich glaubte, eine starke Sehnsucht von ihm zu spüren, daß ich, der doch deutlich jünger war, ihn als sein Vater doch endlich annähme, ihn aus der Einsamkeit, Verbannung und Selbstverachtung herausholte. In dieser spürbaren Sehnsucht milderte sich das Erschrecken und Befremdliche. Er war mir bald nicht mehr fremd.

Darüber hinaus fesselte es mich, welche selbsterhaltende Kraft er über seine anfänglichen pubertären Malereien hatte entfalten können.

Ich habe seit dieser Zeit ein verstärktes Interesse für die inneren und äußeren gestalterischen Produktionen meiner Patienten entwickelt, d.h. für ihre Träume, Tagträume und Phantasieproduktionen sowie deren Darstellung in der gestaltungstherapeutischen Arbeit. Auch die gemeinsamen gestalterischen Produktionen, z.B. eines Ehepaares, sind mehr in meinen Betrachtungshorizont gerückt.

Ich habe in *meiner* Phantasie nun den Traum von Hieronymus' Frau auf dessen Bilder »kopiert«. Und damit war ich plötzlich in der apokalyptischen Welt des Hieronymus Bosch (s. Bilder S. 29–31).

Wir wollen uns dieser Welt später noch einmal zuwenden, hier geht es jedoch zuerst einmal um die Frage, warum Hieronymus dem entsetzlichen Schicksal, Gewalt- und Triebtäter zu werden – »Scheusal« hätte die »Bild«-Zeitung sicherlich geschrieben – entkommen konnte.

Vergegenwärtigen wir uns noch einmal seine Ausgangssituation, als seine Symptome sich bei ihm zum ersten Mal bemerkbar machten. Da waren zunächst Angst und Scham in der Begegnung mit dem Vater, die auch durch die blasse und verschüchterte Mutter nicht wettgemacht werden konnten. Er sehnte sich nach Anerkennung, bekam aber nur Verachtung zu spüren. Hieronymus begann sich zu hassen für seine Mickrigkeit. Wahrscheinlich verdeckte der Haß auf sich selbst auch einen abgrundtiefen Haß auf den Vater, der ihn so weit von sich stieß.

Sehnsucht nach Anerkennung und gleichzeitig Haß zu spüren – damit war der heranwachsende Hieronymus überfordert. Wahrscheinlich war es auch die Angst vor der Rache, die ihn seinen Haß auf den Vater weiter abwehren ließ.

Seiner Ohnmacht dem Vater und seinen widersprüchlichen Gefühlen gegenüber entflieht Hieronymus, indem er

Hieronymus Bosch: Das Jüngste Gericht (Mitteltafel)

Hieronymus Bosch: Das Jüngste Gericht (Detail)

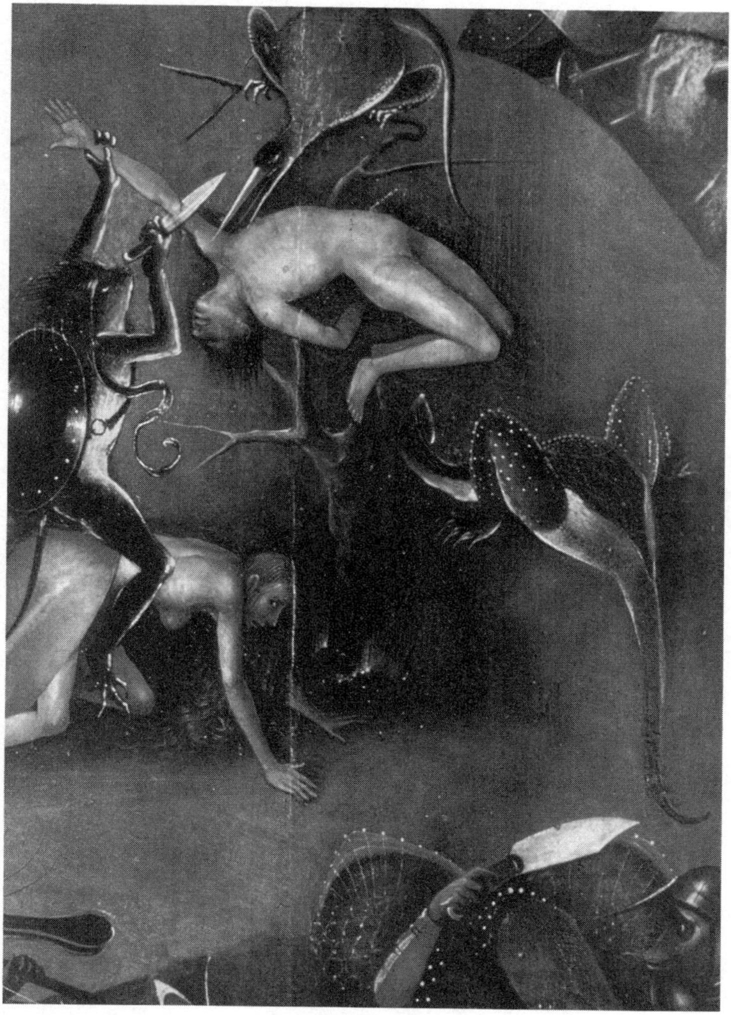

Hieronymus Bosch: Das Jüngste Gericht (Detail)

Waldläufer und Einzelkämpfer spielt. Er verwirklicht intuitiv – spielerisch – etwas ganz Entscheidendes: Die Wandlung vom »leidenden Objekt« zum »aktiv gestaltenden Subjekt«, d.h., er nimmt sein Schicksal in die eigene Hand. Allerdings unterliegt er dabei unbemerkt auch Einschränkungen, z.B. indem er die Ideale des Vaters vom »Herrenmenschen« übernimmt.

Mit Beginn der Pubertät scheint sein Schicksal besiegelt zu sein: Alle Möglichkeiten der Eigengestaltung und Eigenregulation werden durch den Triebschub zunichte gemacht. Sein nach Entladung drängender Haß und Zorn drangsalieren ihn ebenso, wie ihn sein Vater drangsaliert hat. Nur kann er seinem eigenen Haß nicht entkommen, er trägt ihn immer mit, wie weit er auch rennt. Er kann ihn auch nicht ausrotten, wie sehr er auch fastet und durstet – es sei denn, er rottete sich selbst ganz aus.

Daß ihm die Möglichkeit der Selbstzerstörung grundsätzlich nicht fern war, zeigt die Äußerung seiner Frau gegenüber, er wolle sich lieber umbringen, als mit seinen Symptomen zum Arzt zu gehen. Die »Alternative« zum Suizid stellt sich für ihn anders dar: Er »spaltet« unbewußt sein Selbst gewissermaßen in zwei Teile, und zwar in einen überlebenden aktiven und einen verachteten – »zum Abschuß freigegebenen« – passiven Teil; in einen, der aus Haß tötet und in einen, der den Haß erleidet. Letzterer nimmt die Gestalt junger Mädchen an – Vaters Opfer, gleichzeitig aber auch Vaters Wunschtraum von einer eigenen Tochter.

Indem er dies tut, »realisiert« er auch Vaters verinnerlichte Aufforderung, wird er in seiner Gewalttätigkeit zumindestens wie dieser, ist mit diesem eins – endlich.

Gleichzeitig besteht jedoch das Bedürfnis, auch die gespaltenen Selbstanteile wieder zusammenzubringen. Leon

Wurmser spricht davon, daß das »Bedürfnis nach Synthese, (...) so wichtig und überragend (ist), daß es in Intensität und Durchschlagskraft einem Trieb entspricht«. Die beiden Teile sich näherkommen zu lassen bedeutet aber die Katastrophe – wie die Bilder auf der Seite 25 zeigen. Die Zusammenführung der gespaltenen Selbst-Anteile bedeutet, daß dem verhaßten passiven Teil die Haut vom Rücken gefetzt wird. Indem Hieronymus zu malen beginnt, gelingt ihm zum zweiten Mal der wichtige Schritt vom bloßen Erleiden seines Dilemmas zur aktiven Gestaltung dessen – wie seinerzeit, als »Waldläufer«. Jedoch auch dieses Mal bestimmt das unbewußte väterliche Vorbild sein Handeln, nämlich Gewalt und Mord – aber auf dem Papier. So wird das Malen zum Außen- und Handlungsraum seiner Phantasie. Die Grenzen zwischen außen und innen werden in der Ekstase, dem rauschartigen Gestaltungs- und Zerstörungsakt der Bilder aufgehoben.

So bestürzend dieser Anblick für seine Frau auch gewesen sein mag, eines ist dabei für ihn ungeheuer wichtig: Er kann sein Leiden begrenzen, er muß andere nicht unmittelbar mitleiden lassen. Der »Fluch« des Vaters, die haßerzeugende dämonische (Selbst-)Verachtung ist nun, wie sein Lebensweg zeigt, nicht unbeeinflußbar.

Schon in der Frühphase der Begegnung mit seiner Frau, in der er sich angenommen fühlt, scheint dieser Fluch bereits aufgehoben zu sein. Das wiederholt sich dann noch einmal in der Therapie zusammen mit seiner Frau: Indem er sich jetzt

auch von einer väterlichen Autoritätsgestalt, dem Therapeuten, angenommen weiß, muß er sich nicht mehr so hassen.

Wesentlich ist auch, daß er sich gleichzeitig *erneut* durch seine Frau verstanden und angenommen sieht. Für diese wiederum bedeutete es eine große Erleichterung, annäherungsweise zu verstehen, was ihren Mann umgetrieben hat. Dieses Verstehen förderte die neuerliche Annahme ihres Mannes – und die eigene Selbstannahme. Ihre Symptome wurden unter der Therapie ihres Mannes weniger.

Zusammenfassend können wir vorerst sagen, daß für die Vermeidung der Katastrophe und auch das Ergebnis der Therapie folgende Momente wichtig waren:

1. Hieronymus schaffte immer wieder den Sprung vom bloßen Erleiden zum aktiven Gestalten seines Dramas. Hierzu war sowohl ein geeignetes Umfeld, in dem er Waldläufer spielen konnte, erforderlich, als auch die gestalterische Kraft – das Malen –, etwas eigenständig zu formen. Für dieses Moment kennen wir jedoch auch schon Einschränkungen: Hieronymus' Handeln stand unter der Herrschaft der väterlichen »Ideale« vom Herrenmenschen. Dies sah Hieronymus nicht, er war dem gegenüber blind. Völlig blindes Handeln nun, das ausschließlich dazu dient, den inneren Druck loszuwerden, wird destruktiv – wie bei dem jugendlichen Bombenleger. Hieronymus konnte aber durch die Therapie einen wesentlichen Teil dieser – relativen – Blindheit für sich selbst aufheben.

2. In der Frühphase der Partnerschaft und ebenso in der Therapie verminderte sich der Selbsthaß, indem er sich angenommen wußte.
3. Die Wiederannahme wurde der Ehefrau ermöglicht, indem sich deren Angst verminderte. Letzteres geschah auch dadurch, daß sie etwas über ihren Mann erfuhr, sie ihn in seinem Lebensschicksal verstehen konnte.

Diese Momente sollen nun in den nächsten Kapiteln weiter betrachtet werden: nämlich der Wechsel vom bloßen Erleiden zum aktiven Gestalten ohne Blindheit, die Verminderung von Angst durch Verstehen, das Angenommenwerden im Sinne von gesehen werden. Zuvor aber noch eine Einladung an die Leserinnen und Leser zu einem gedanklichen »Experiment«:

Angenommen, es wäre der entsetzliche Fall eingetreten, daß Hieronymus doch zugeschlagen hätte – wie hätten Sie persönlich darauf reagiert, wenn Sie davon nur über Ihre Zeitung erfahren hätten? Vermutlich wären Sie erschrocken, empört und zutiefst besorgt um ihre eigenen Kinder gewesen. Ich übrigens auch.

Vielleicht haben Sie beim Lesen dieses extremen Schicksals aber auch gespürt, wie Verstehen Annäherung ermöglicht und entängstigt. Der Teufelskreis von Gewalt und Gegengewalt könnte dadurch vielleicht entschärft worden sein.

Das heißt aber nicht, daß wir uns vor Gewalttätern nicht schützen sollten. Die entscheidende Frage ist hier die, aus

welcher Einstellung heraus wir handeln, und ob wir ein selbstkritisches Verhältnis zu unseren eigenen Gewaltmitteln haben.

Ich werde dieses Thema noch einmal in dem Kapitel aufgreifen, in dem es um meine Erfahrungen als Therapeut und Gutachter von Gewalttätern im Umgang mit der Justiz geht.

Eine unkritische Anwendung gewalttätiger Mittel zeigt sich oft auch, wenn gegen politische Gewalt demonstriert wird, wodurch die Demonstration selbst ad absurdum geführt wird: so z.B. bei einer Demonstration gegen den Rechtsradikalismus nach den Brandanschlägen in Rostock, als junge Menschen im Laufschritt laut skandierend riefen: »Hau weg den Nazidreck!«

Die Darstellung selbst hatte schon einen bedrohlichen Charakter, so daß im Grunde die Parolen *gegen* mit denen *von* Rechts austauschbar waren. Diese Kritik an der Art der Demonstration hat aber nicht im geringsten etwas mit einer Akzeptanz der Ereignisse in Rostock zu tun. Im Gegenteil!

III
Sehen können
»Ich seh mal was, was du nicht siehst«

»Im Zustand der Verunsicherung suchen wir automatisch nicht nach unseren verlorenen Gefühlen, sondern nach dem Schuldigen. (…)
So wird versucht, die eigenen Schmerzen und Ängste durch den Kampf gegen den ›Schuldigen‹ aus der eigenen Person ›auszutreiben‹. Die mittelalterlichen Teufelsaustreibungen und Hexenverfolgungen, aber auch die Feindseligkeit gegen Ausländer in unserer Zeit, sind Erscheinungsformen dieses psychischen Vorgangs.«

Thea Bauriedl

Als im Spätsommer 1992 in Rostock die Unterkünfte der Asylbewerber brannten und Zuschauer wie Täter vor den Häusern in einer beklemmenden Weise als »Mob« zusammenfanden, konnte eines mit Sicherheit angenommen werden: nämlich, daß diejenigen *vor* den Häusern den Blick verloren hatten für die Menschen *in* den Häusern – in ihrer Angst und Not.

Eben dies kann auch für die beiden elfjährigen Jungen

angenommen werden, die im November 1993 in England vor Gericht standen, weil sie ein zweijähriges Kind entführt und auf schreckliche Weise ermordet hatten. Sie waren vermutlich blind für dessen Qualen und Leiden gewesen. Sie hatten ihre Sym-Pathie, d. h., die Fähigkeit mitzuleiden, verloren.

Und eine ähnliche Blindheit besteht auch bei dem vielleicht siebenjährigen Schüler – jede Lehrerin, jeder Lehrer an einer Grundschule kennt solch einen Schüler –, der auf dem Schulhof aus einem Bagatellstreit heraus plötzlich seinen Kontrahenten würgt und ihn auch erwürgen würde, wenn er die körperlichen Kräfte dazu hätte. Solch eine Blindheit ist aber nicht einfach »abnormal«, sondern bestimmt z. B. auch unseren »ganz normalen« Fahrstil im Straßenverkehr: Die Aggressionsspannung, die sich bei den meisten Autofahrern – bei diesen zehnmal häufiger als bei den Autofahrerinnen – aufbaut, wenn sie hinter einem langsameren Fahrzeug herfahren, ist nicht gering. Verwünschungen, Flüche – und dann brechen auch schon sehr rasch die Handlungsimpulse durch: riskantes Überholen oder Lichthupe und dichtes Auffahren.

Die Gefährdung der Mitmenschen – zerfetzte, verstümmelte Leiber – wird in diesem Augenblick nicht gesehen, geschweige denn die Trauernden.

Würde der Mit-*Mensch* in der vorausrollenden Blechdose gesehen werden können, könnte sich die geballte Aggressivität, die jährlich zu zehntausend Toten und mehreren hunderttausend Verstümmelten und Verletzten führt, sich nicht so ungehemmt entfalten.

Diese (Fast)-Blindheit für den Mitmenschen in den verschiedensten Situationen enthemmt. Unsere inneren Barrieren, jemanden zu verletzen, zu beschädigen, werden in solchen Situationen offensichtlich glatt überrannt.*

Umgekehrt gilt, daß die Aggressionshemmungen um so stärker wirksam sind, je mehr wir unser Gegenüber als *ganze Person* wahrnehmen. Die Darstellung des ganzen Menschseins – einschließlich Gestik und Mimik – und die Wahrnehmung dessen bauen Hemmungen auf.

Deswegen zielen z.B. auch die Strategien bei Geiselnahmen darauf, Entscheidungen möglichst lange hinauszuzögern, damit der Geiselnehmer von seiner Geisel mehr wahrnimmt, sie als Mensch anerkennt und nicht nur als bloßes Objekt.

Mir fallen in diesem Zusammenhang auch die Erfahrungen ein, die ich während meiner chirurgischen Assistentenzeit in einem kleinen Krankenhaus gemacht habe.

Wenn ich mit einem Patienten, den ich vielleicht schon vom Ansehen her kannte, gesprochen, dabei die Vorgeschichte erhoben und ihn untersucht hatte, dann war der Bekanntheitsgrad verhältnismäßig groß. Ich hatte von dem Patienten schon viel wahrgenommen. So wäre es mir am nächsten Tag doch etwas schwergefallen, wenn ich z.B. wegen einer notwendigen Blinddarmoperation durch die heile Haut dieses Patienten mit dem Skalpell hätte schneiden müssen, sofern ich die »volle Sicht« auf eben diesen Menschen gehabt hätte.

Tatsächlich war aber nun aus Gründen der Operationshygiene der Körper des Patienten mit Ausnahme des Operationsgebiets durch Tücher abgedeckt. Ich sah nur durch ei-

---

* Siehe hierzu auch das »Milgram-Experiment«, Kap. XIV.

nen kleinen Schlitz auf das Operationsgebiet, d.h. auf ein Stückchen Haut ohne einen Zusammenhang mit dem ganzen Menschen. Durch diese Sichteinschränkung war ich gewissermaßen für den *ganzen* Menschen blind und konnte nun mit dem Skalpell ohne größere Hemmungen in die heile Haut schneiden. Diese Sichteinschränkung wird häufig auch schon sprachlich vorbereitet, indem eben nicht der Name des Patienten oder der Patientin genannt wird, sondern nur von »dem Blinddarm« oder »der Gallenblase« auf Zimmer 7 geredet wird.*

Darüber hinaus gibt es noch andere Sichteinschränkungen, und zwar in Notfallsituationen, in denen rasch gehandelt werden *muß* und ein Verweilen bei den eigenen Gefühlen eben dieses Handeln nur blockieren würde. Der innere Alarmzustand, der sich in Notfallsituationen einstellt, läßt dann gewissermaßen auch teilerblinden, indem nur noch das gesehen wird, was jetzt in diesem Augenblick am dringlichsten erscheint – z.B. eine heftige Blutung zum Stillstand zu bringen. Hemmungen und verzögerndes Bedauern werden glatt zur Seite gedrängt (und können erst – wenn es gut geht – zu einem späteren Zeitpunkt reflektiert werden).

Alarmzustände lassen weitgehend blind werden. Dies hat, wie eben geschildert, seine »sinnvolle« Seite. Die problematische zeigt sich darin, daß bei einer weiteren Steigerung bis

* Was sich hier sprachlich vermittelt, ist auch ein Ausdruck des Schutzes vor zu viel Mitgefühl. Ein solches Mitfühlen mit dem Patienten scheint in der Medizin – zumindest wie sie sich heute darstellt – allein schon aufgrund des Arbeitsanfalles, der gemeistert werden muß, kaum seinen angemessenen Platz zu haben. Dieses nachvollziehbare Distanzierungsbedürfnis bedeutet für den Patienten jedoch Gewalt – wenn auch in verdeckter Form.

zu Panik hin oft nur noch in zerstörerischer oder selbstzerstörerischer Weise gehandelt wird. Hier zeigt sich auf einmal, daß die befreiende Wirkung, die über das Handeln angestrebt wird – gemeint ist die schon aus dem II. Kapitel her bekannte Wandlung vom bloß erleidenden Objekt zum handelnden Subjekt –, auch in einer negativen Variante erscheinen kann. Die befreiende Wirkung des Handelns wird zwar angestrebt und gespürt, deren Preis ist aber die Gefahr einer gewalttätigen Fremd- oder Selbstbeschädigung.

Die Wandlung vom erleidenden Objekt zum handelnden Subjekt kann also nur insofern als heilsam und hilfreich angestrebt werden, als das Handeln nicht blind für das »wohlverstandene Interesse« des Gegenübers oder der eigenen Person ist.

Uns interessieren nun diese Alarm- oder Panikzustände, in deren Folge sich ungehemmt, in destruktiver Form, Gewalt entladen kann. Derartige Alarmzustände stellen sich als Folge von Angst und dem Gefühl des Bedrohtseins ein.

Besonders problematisch ist, wenn solche Alarmzustände von demjenigen, der von ihnen erfaßt wird, gar nicht als solche erkannt werden. Gefühlt wird dann z. B. in der Begegnung mit dem Fremden nur Abneigung und Wut. Noch schwerer ist dabei zu durchschauen, woher diese Angst, die den Alarmzustand begründet, denn überhaupt rühren mag.

Für diese undurchschaubaren Alarmzustände mag es nun die unterschiedlichsten Motive geben. Sie sind eben auch von dem jeweiligen, individuellen Schicksal abhängig. (Näheres hierzu auch im nächsten Kapitel.) Sehr häufig finden sich allerdings in unserem Kulturkreis die beiden folgenden Begründungen:

1. Ich gerate in Panik, wenn alles das, wofür ich mich eingesetzt habe, auf einmal in Frage gestellt wird – z.B. unsere Vorstellungen von Ordnung, Fleiß und Karriere. Dies wird mich um so eher ängstigen und beunruhigen, je mehr ich selber insgeheim diese Dinge bereits schon hinsichtlich einer Sinngebung für mein Leben in Frage gestellt, bislang jedoch die Dringlichkeit der Frage eher verleugnet, abgewehrt habe. In der Konfrontation mit anderen Kulturen, in denen z.B. Kommunikation, Geborgenheit in der Großfamilie und Muße die unbefragten Werte darstellen, kann dann solch eine Alarmstimmung in Form von Wut und Abneigung ausbrechen.
2. Ich gerate in Panik, weil ich mich in meinem Angenommensein grundsätzlich in Frage gestellt sehe:

   Allgemein haben es Eltern heute nicht mehr so leicht, ihre Kinder als »Geschenk Gottes« anzusehen. Sie müssen sich erst selbst in ihrer eigenen Leistungsfähigkeit über einen erfolgreichen Werdegang ihrer Kinder beweisen. Die Folge ist, daß die Eltern »entspannt« ihre Kinder nur annehmen können, wenn diese selbst rechtzeitig etwas leisten. Symptomatisch hierfür sind die Gespräche von Eltern, in denen diese wetteifernd erzählen, was ihre Kinder schon alles können. Symptomatisch sind auch die

Katastrophen am Mittagstisch (sofern es diesen noch gibt), wenn die schulischen Leistungen nicht so, wie erhofft, ausgefallen sind.

Die Betonung des Leistungsgedankens hat nun etwas mit der Angstabwehr in unserer Gegenwart zu tun: Wenn wir nur tüchtig sind und das Bruttosozialprodukt steigt, dann werden wir und unsere Kinder die Zukunft schon meistern.

Die Entborgenheit* in der Gegenwart mit ihren Bedrohungen durch Umweltkatastrophen, Wirtschaftskrisen, Bürgerkriege – ohne Rückbindung in ein »Gottes-Kindschaftsverhältnis« (Horst-Eberhard Richter) – scheint nur in einem geradezu magischen Glauben an Tüchtigkeit und Leistung ertragen werden zu können.**

Wenn dieses Abwehrmuster in Frage gestellt wird, gerate ich in Angst und Panik. Einmal, weil das Anrühren der Abwehr selbst schon angstvoll erlebt wird, und zum anderen, weil die mühselig abgewehrte Angst hervorzubrechen droht.

Die Abwehr durch reines Leistungsdenken kann z. B. dadurch erschüttert werden, daß die eigene Leistungsfähigkeit durch schlechte Noten und Beurteilungen in Frage gestellt wird. Für Kinder und Jugendliche bedeutet dies zusätzlich, daß sie Angst haben, von ihren Eltern nicht mehr angenommen zu werden, wenn sie nicht zumindest »befriedigende« Noten mit nach Hause bringen. Für die Panikreaktion, die dadurch ausgelöst werden kann, erfolgt weiter unten auch noch ein Beispiel. Zuvor soll jedoch das bisher Gesagte erst noch einmal kurz zusammengefaßt werden:

---

* Siehe auch Anhang: Gottes-Kindschaftsverhältnis und Entborgenheit.

** Es geht *ausdrücklich nicht um die Ächtung* des Leistungsgedankens, im Sinne des »Aussteigens«, sondern es geht um dessen zu frühes Eindringen in die Welt des Kindes sowie dessen Handhabung zur Angstabwehr.

Für die eingangs erwähnte Blindheit hinsichtlich der ganzen Person, durch die Aggressionshemmungen unterlaufen oder zur Seite geschoben werden, können wir verschiedene Begründungen und Motive benennen.

1. Ich sehe die Person nicht, weil sie durch Tücher oder die Karosserie eines Autos verdeckt ist.
2. Ich sehe die Person nicht, weil ich keinen Namen mehr für sie als ganze Person habe, sondern nur noch für einen anatomischen Teil derselben (»der Blinddarm«), oder die Person in ihrer menschlichen Identität entwertet wird.
3. Ich sehe die ganze Person nicht, weil ein innerer Alarmzustand dies verhindert.

Es können diese Momente einzeln oder auch zusammen wirksam sein wie z. B. beim Autofahren: Das Gegenüber ist erstens durch die Blechdose zugedeckt und nicht als vollständiger Mensch wahrnehmbar. Zweitens wird die Sicht durch Flüche und Entwertungen noch weiter reduziert, wobei dann drittens der affektive Alarmzustand die Wahrnehmung noch weiter einengt, so daß der gefährliche Handlungsimpuls durchbrechen kann.

Die Fähigkeit, die ganze Person zu sehen, können wir schon sehr wirksam bei unseren Kindern fördern oder unterdrücken. Hierzu nun einige Beispiele. Als erstes aus dem Alltag einer Grundschulklasse. Mucksmäuschenstill war es in dieser sonst eher lebhaften Klasse unter angespanntem Interesse der Schüler und Schülerinnen bei folgendem Unterrichtsablauf:

Im Fach »Textiles Gestalten« hatte das Thema zunächst »Umgang und sinnliche Erfahrung sowie Gestaltung mit Wolle« geheißen. Die Kinder konnten dabei die Wolle unter Vorgabe eigener Phantasiegestalten auf Tonpapier kleben (s. Bild Seite 45). In der darauffolgenden Stunde wurde dann

das Spiel gespielt: »Ich seh mal was, was du nicht siehst«, und zwar bezogen auf die Produktionen der Kinder aus der Vorstunde.

Jede einzelne Arbeit wurde anhand von eigentümlichen Details von der Lehrerin vorgestellt, und die Kinder sollten herausfinden, welche Arbeit jeweils gemeint war.

Da gerade in die bildnerischen und handwerklichen Produktionen der Schüler ganz viel von dem eigenen Selbst des jeweiligen Kindes eingeht, bedeutete dieses Spiel für jedes Kind auch ein aufmerksames, akzeptierendes Gesehenwerden der eigenen Person. Jedes Kind konnte sich jeweils in seiner *persönlichen* Weise darstellend entfalten, wurde dabei gesehen und akzeptiert! So war es auch nicht verwunderlich, daß die Kinder wenig später von sich aus den Wunsch äußerten, das Spiel noch einmal zu spielen.

Jedes Kind erlebte sich als frei und gleichzeitig angenommen. Dies verweist auf ein doppeltes Sehvermögen der Lehrerin: Einmal für das Bedürfnis, sich *schöpferisch frei* entfalten zu können, und zum zweiten für den Wunsch, dabei auch *angenommen* zu sein.

Freiräume, in denen diese beiden Motive zusammenkommen können, stellen eine wesentliche Voraussetzung für die Entfaltung eines Friedens mit sich selbst und dem Du dar. Gerade die schöpferischen Fächer wie Kunst, Musik, Sport, Werken, Textiles Gestalten bergen solche Freiräume.

Das Spiel »Ich seh mal was, was du nicht siehst« konnte mit den Produktionen zu demselben Thema aus einer anderen Klasse nicht gespielt werden. Die Produktionen waren hier einander zu ähnlich und unterschieden sich nur in der Qualität und Perfektion ihrer Ausführung (s. Bild unten). Eine individuelle Ausdrucksgebung war aufgrund der reglementierenden Vorgaben nicht möglich gewesen. Also

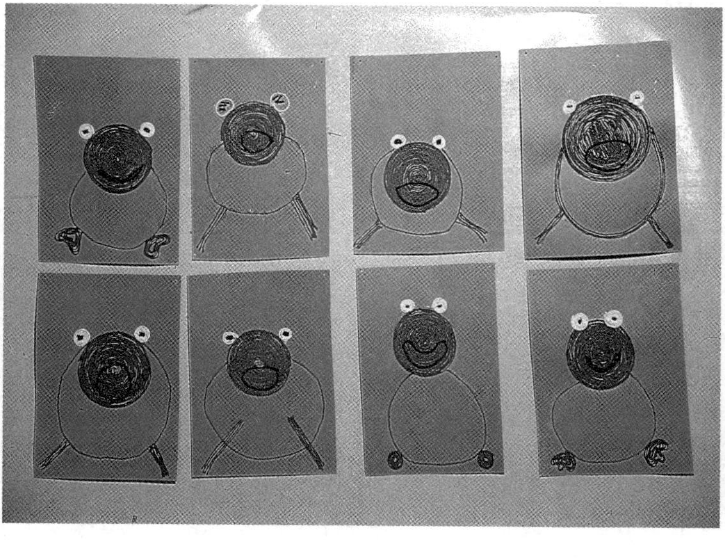

konnte auf diese Weise auch nicht jedes Kind in seiner Individualität über die Individualität seiner Produktion gesehen werden.

Auf Leistungsvorgaben in den schöpferischen Fächern *zu verzichten* bedeutet aber eine ungeheure Chance, weil das akzeptierende Gesehenwerden in der Gemeinschaft der Mitschüler »ansteckend« wirkt. Es entfaltet sich ein »sensus communis«, ein Gemeinsinn als Grundlage eines jeglichen gewaltfreien oder zumindest gewaltarmen Miteinanders. Dessen psychologische Grundlagen werden uns auch noch weiterhin immer wieder interessieren (s. a. Anhang und Kap. VI).

Das Gegenteil eines sensus communis, nämlich die brutale Jagd auf einen einzelnen Schüler, zeigte sich in derselben Klasse, als die Ziffernnoten aller Schüler in einem Fach gleich zum ersten Mal laut vorgelesen worden waren. In dieser Situation war nicht mehr die ganze Person des jeweiligen Schülers bzw. der jeweiligen Schülerin gesehen worden. Diese wurde vielmehr bis auf den Aspekt der Leistungsfähigkeit vollkommen zugedeckt. Auch die Schüler konnten sich dann nur noch unter diesem Aspekt sehen, so daß die zuvor erlittene Gewalt nun an einem einzelnen »geeigneten« Schüler abgearbeitet wurde. Die Wandlung vom erleidenden Objekt – das sein (Noten-)Urteil verkündet bekommt – zum handelnden Subjekt, das etwas von den inneren Spannungen loswerden will, erfolgte blind für die Leiden des Schülers, der die Zielscheibe der Gewalt seiner Mitschüler und Mitschülerinnen geworden war. Das Handeln verkam zum blinden Zuschlagen.

Über diese Reaktion – ein regelrechtes »mobbing« – waren auch die Lehrer und Lehrerinnen erschrocken. Die Ersterfahrung mit Ziffernnoten im Unterschied zu den

bekannten Verbalbeurteilungen verlief ohne angemessene helfende Kommentierung ausgesprochen kränkend und verletzend im Sinne eines passiven »Gestaltetworden-sein« (Winnicott). In der Vereinzelung und Entwertung der Schülerinnen und Schüler durch deren Bewertung wurde dem sensus communis in dieser Situation jede Grundlage entzogen.

Dieser Vorgang, der in eine Jagd auf einen einzelnen Schüler, das Quälen und Verspotten dessen mündete, hatte sich zum ersten Mal in dieser Klasse ereignet und stand in einem unmittelbaren zeitlichen und inhaltlichen Zusammenhang mit dem Notenverlesen: »Du bist ja blöd, saublöd«, wurde dem Schüler unter anderem zugerufen. In derselben Klasse war aber auch eine liebevolle Aufmerksamkeit für den jeweils anderen möglich gewesen bei dem Spiel »Ich seh mal was, was du nicht siehst«.

Wir haben hier nun genau das bereits angekündigte Beispiel für eine Alarmreaktion, in der sich die Angst und die Wut infolge des Eindruckes, nicht genug geleistet zu haben, blind entluden.

Vermutlich läßt sich einiges Grundsätzliches an Beweggründen aus der »Mob-Bildung« in dieser Situation auch auf Rostock übertragen: »Schlechte Zensuren«, Entwertung und dazu noch materielle Ausplünderung der Menschen in der ehemaligen DDR, Abreaktion dessen an den noch Schwächeren, den Asylbewerbern. Diese waren zuvor in einer entsprechenden Kampagne als leistungsunwillige Schmarotzer in ihrem Menschsein nahezu vollständig ver-

deckt worden. Der Leistungsgedanke deckte sozusagen ihr Menschsein vollständig zu.

In einem übertragenen Sinne das Spiel »Ich seh mal was, was du nicht siehst« mit den neuen Bundesbürgern in der Konfrontation mit dem real existierenden Kapitalismus zu spielen, hätte hilfreich sein können. Gemeint ist die Achtung vor deren kulturellen und wirtschaftlichen Gütern, Eigenheiten und Leistungen – trotz der weitaus schwierigeren Rahmenbedingungen in der ehemaligen DDR als bei uns – und nicht deren bloße »Abwicklung« durch die Treuhand. Die »Liquidierung« des Kulturlebens gerade auch in den kleineren Städten der ehemaligen DDR aufgrund von »Unrentabilität« bedeutete für sensus communis und Identität einen schweren Schlag.

Doch zurück zu den Ereignissen in der Schule:

Von einem eindringlicheren Plädoyer für eine Fortführung der milderen »verbalen Beurteilung« anstelle der Ziffern-Benotung über das zweite Schuljahr hinaus bis zum vierten Schuljahr sowie eine Abschaffung aller Benotungen für die schöpferischen Fächer bis zum zehnten Schuljahr habe ich bislang nicht gehört.* »Ziffern-Benotungen« erzeugen heute offensichtlich eine andere Wirkung als früher. Sie müssen vor dem Hintergrund gesehen werden, daß Leistung

* Bei einem Verzicht auf die Schulnoten als Disziplinierungsmittel sind selbstverständlich auch in den schöpferischen Bereichen kleinere Arbeitsgruppen im Vergleich zu den üblichen Klassenstärken erforderlich.

– zusammen mit »high-tech« – eine fast religiöse Bedeutung gegen die Angst in dieser Welt zukommt. Der Wert des Menschen beginnt dann mit seinen Schulnoten. Unbegründet ist das Schlagwort vom »Notendarwinismus« nicht (s. a. Kap. V).

Das nächste Beispiel, in dem es darum geht, die ganze Person zu sehen, kommt ebenfalls aus der Schule, diesmal aus dem Gymnasium in Quakenbrück.

Die Schülervertreter und -vertreterinnen aus dem »Arbeitskreis Suchtvorbeugung« hatten als konkrete Möglichkeit hierfür ein »Komitee zur Verbesserung des Schüler-Lehrer-Verhältnisses« vorgeschlagen.

Dieses Komitee wurde dann auf der Gesamtkonferenz – also unter Beteiligung von Elternvertretern und Schülern – mehrheitlich befürwortet, nachdem durch ein engagiertes Votum eines Lehrers die zunächst eher ablehnende Haltung im Lehrerkollegium überwunden worden war. An dem ersten Nachmittag ging es dann darum, den jeweiligen »Gegenpart« besser wahrzunehmen. Es wurden wechselseitig die Vorstellungen von dem »idealen« Lehrer oder Schüler dargestellt. In Rollenspielen übernahmen dann die Schüler die Funktion des Lehrers, Lehrer die Position des Schülers.

Das Ganze – einschließlich der anfänglichen Kleingruppenbildung – vollzog sich in einem Wahrnehmungs- und Findungsprozeß, in dem sehr viel von sichtbehindernden Vorurteilen abgebaut werden konnte. Ich selber war als Vater – nicht als »Fachmann« – eingeladen worden mitzumachen und hatte anfänglich einige Skepsis, das ganze Unternehmen könne alle Beteiligten überfordern und somit im Chaos enden. Um so mehr beeindruckten mich der Schwung und die Beherztheit der Vertrauenslehrerin sowie der Schülervertreter und -vertreterinnen, die diesen Nachmittag organisiert hatten. Ich gewann schon den Eindruck, daß über deren Zivilcourage einiges an bereitstehendem Gewaltpotential abgebaut werden konnte.

Für die Verwirklichung eines solchen Begegnungsnachmittages z.B. an anderen Schulen wird sicherlich solch ein beherztes Organisationsteam immer eine wesentliche Voraussetzung darstellen. Tatsächlich könnte dann jedoch wie an diesem beschriebenen Nachmittag eine wechselseitige freiere Sicht auf das jeweilige Gegenüber eröffnet werden, wodurch insbesondere die wechselseitige Entwertung und Feindrollenzuschreibung unterbrochen werden könnte.

Das dritte Beispiel – wieder aus einer Grundschule – verdanke ich meinem Freund und Kollegen Horst Pfingsten aus der Grafschaft Bentheim. Hier wurde ein schwerstbehindertes Kind in den gesamten Unterrichtsablauf integriert und von den 16 weiteren Mitschülern liebevoll (!) akzeptiert. Dieses zumindestens nach dem ersten Schuljahr sich noch als gelungen darstellende Experiment hatte allerdings einige Voraussetzungen:

1. Die Kinder in dieser Klasse wurden bewußt von ihren Eltern dorthin gemeldet. Kamen also aus verhältnismäßig »aufgeklärten« Elternhäusern.
2. Es waren nur 17 Schüler insgesamt in dieser Klasse (dafür in den anderen ersten Jahrgängen 25).
3. In dieser Klasse waren jeweils zwei Lehrpersonen tätig, wovon die eine sich insbesondere um die Integration des behinderten Kindes bemühte.

Aber auch unbeschadet dieses Aufwandes läßt sich festhalten, daß eine Aggression und Gewalt hemmende sowie Zuneigung fördernde Wahrnehmung der gesamten Person möglich ist, auch wenn diese in ihrer Selbstvermittlung zunächst fremd erscheint. Dieses Fremde – gerade auch als radikale Befragung unseres Leistungsdenkens – muß *nicht* zwangsläufig eine Alarmstimmung erzeugen, die dann das Gegenüber verdeckt und zum Ziel von Aggression und Gewalt werden läßt. Wenn Rudolf Großkopf im Deutschen Allgemeinen Sonntagsblatt (Nr. 48, November 93) von »dem gefährlichen Zwang zur Liebe« im Zusammenhang mit den Aggressionen gegen Fremde spricht, so trifft er nur einen Teil dieses Problems. Wahrnehmung der ganzen Person läßt sich nicht *kommandieren*, das zeigte ja schon die Erfolglosigkeit der politischen Appelle und Nachhilfeprogramme. Die Wahrnehmung der ganzen Person – auch wenn sie fremdartig erscheint – erfolgt eher *spielerisch* und je früher desto besser. Allerdings bedarf es dazu auch der Freiräume. Mitunter müssen wir uns diese Freiräume etwas kosten lassen – z.B. in Form von kleineren Klassen und des Verzichts auf unsere »so lieb gewonnenen« Noten.

Diese Wahrnehmung des Du als ganze Person gelingt mir nun um so eher, je mehr ich selber eben diese Erfahrung gemacht habe, als ganze Person wahrgenommen worden zu sein. Gemeint ist mit dieser Wahrnehmung aber akzeptierende Wahrnehmung wie in dem Spiel »Ich seh mal was, was du nicht siehst« und nicht nur Kontrolle. Davon mehr im nächsten Kapitel.

IV
Reisen in ein fremdes Land

»In seinen Träumen transzendiert der Mensch die engen Grenzen seiner Gesellschaft und wird voll menschlich.«

Erich Fromm

Regine war ein wildes Kind. Am liebsten spielte sie mit ihren Brüdern und deren Freunden. Klettern, rennen, bolzen, zündeln, Buden bauen, an Gräben »schmötkern« ...

Wenn sie mit ihrer Jacke an einem Weidenzaun hängen blieb, gab es erheblichen Ärger mit der Mutter – jedoch nicht nur dann ... Mutter hatte offensichtlich andere Vorstellungen davon, wie ein Mädchen zu spielen bzw. sich insgesamt zu verhalten habe. »Regine ...!« tönte es oft gellend aus den Fenstern im ersten Stock, aus denen die Mutter eine bessere Übersicht hatte.

»Es war gräßlich, Röckchen und Lackschuhe, manierlich laufen und einen Knicks machen ...«

Als ich an dieser Stelle wohl etwas zu sehr gegrinst hatte, wurde Regine wütend. Nein, witzig wäre das überhaupt nicht gewesen. Sie selber sei der Ansicht, daß die erheblichen Schwierigkeiten, die sie mit ihren beiden Söhnen habe, daher rühren müßten.

In der Tat waren die Beziehungen sehr gespannt.

Schon das unaufgeräumte Zimmer ihres ältesten Sohnes konnte sie zur Weißglut bringen. »Ich brülle dann und

schmeiße ihm die Sachen vor die Füße, hinterher schäme ich mich dann. So habe ich mir eigentlich mein Dasein als Mutter nicht vorgestellt ...«

Nebenbei erfuhr ich auch noch, daß Regine seit der Geburt ihres zweiten Sohnes an einer in Schüben verlaufenden geschwürigen Darmentzündung litt. Aber diese war – trotz der prinzipiellen Lebensbedrohlichkeit – nicht ihr Hauptproblem. Wesentlich sei ihr, mit ihren beiden Jungen besser zurechtzukommen. Von ihrem Mann könne sie vorerst keine Hilfe erwarten, der halte sich aus den Konflikten heraus, überhaupt wisse sie schon sehr genau, daß sie sich da jemand ausgesucht habe, der ihr nicht mit zuviel Männlichkeit auf die Nerven gehen könne.

Die Probleme mit den Söhnen begannen bereits während der Schwangerschaft. Bei dem ältesten sei diese die ersten drei Monate völlig problemlos gewesen, sie habe sich sehr wohl gefühlt. Dann habe sie geträumt, daß sie einen Jungen bekommen werde und danach nur noch gebrochen. Das Kind habe bereits bei der Geburt eine schwere Neurodermitis gehabt und Kratzspuren aufgewiesen, die er sich wohl schon intrauterin (in der Gebärmutter) beigebracht habe. Bei der Schwangerschaft mit dem jüngeren Sohne habe sie auch viel gebrochen, das Kind sei jedoch gesund gewesen.

Kurze Zeit nach der Entbindung erkrankte Regine zum ersten Mal an ihrer Darmentzündung.

In dieser Zeit träumte sie zum ersten Mal auch einen

schrecklichen Alptraum, den sie in der Folgezeit immer wieder neu träumt:

»Eine riesige hohe Halle mit vielen dicken, sehr hohen Säulen, durch die ich renne, atemlos vor lauter Angst, und ein Kind suche. Eine unklare Männergestalt, ganz schwarz gekleidet, verfolgt mich mit einem Revolver, um mich umzubringen oder mich von der Suche nach dem Kind abzubringen, aber gleichzeitig treibt es mich in einen langen schmalen dunklen Gang, wo nichts zu erkennen ist außer Türen, die alle geschlossen sind. Hinter einer Tür sehe ich einen Lichtschein, und ein entsetzliches Kinderwimmern dröhnt überlautstark in meinem Kopf. Ich finde diese Türe aber nicht und renne wieder in die Halle. Ständig von diesem Mann verfolgt, verstecke ich mich hinter den Säulen.

Dann ist der Mann weg, und ich finde diese Türe mit Licht, aber das Wimmern ist weg. Als ich hineingehe … ein Raum, ähnlich einem Badezimmer, sehr alt und verkommen. Um die Wanne herum viel Blut, auch auf dem Holzdeckel, der die Badewanne zudeckt. Mit panischer Angst und schweißnaß schiebe ich den Deckel zur Seite. Im Blutbad schwimmend finde ich dieses Kind tot mit durchschnittener Kehle und grausam entstelltem Gesicht. Mit Selbstvorwürfen laufe ich aus der Kammer wieder durch die Säulenhalle, und da ist wieder dieser Mann hinter mir, der lautschallend höhnisch lacht.«

Regines Kommentar zu dem Traum: »Ich finde es ganz

schlimm, so zu träumen ... wenn ich nur daran denke, wird mir schon ganz anders ...«

Offensichtlich verweisen die Gestalten in diesem Traum in zweifacher Hinsicht auf Gewalt.

Da ist zunächst einmal die Gewalt, die die kleine Regine erlitten hat. Ein temperamentvolles Kind, das mit lustvollem Tatendrang seine Welt hätte erkunden und erobern wollen, das aber durch die stets kontrollierende Mutter daran massiv behindert worden ist. Die Mutter selber stand unter dem inneren Diktat: Für ein Mädchen ist so etwas nicht schicklich!

Da Regine miterlebte, wie das, was für sie als Mädchen unschicklich war, den Jungen ohne weiteres zugestanden wurde, begann sie Neid und Zorn auf diese zu entwickeln, die sie aber nicht zeigen durfte, weil ein Mädchen so etwas nicht tut. Gleichzeitig begann sie, alle »nichtmädchenhafte« – von ihr selbst dann als jungenhaft-männlich identifizierte – Impulse in die Verbannung zu schicken. Als inneren Wächter, als »Engel mit einem Flammenschwert« vor dem Paradies einer weltzugewandten Kindheit, etablierte sie – bildhaft gesprochen – die Mutter, die aus dem Fenster im ersten Stock schaut und mit gellender Stimme ruft: »Regine, ein Mädchen macht so etwas nicht ...«

Mutter war in ihr – um einen Fachausdruck zu gebrauchen – als »Introjekt« weiter wirksam. Dieses Introjekt als innerer Wächter war sehr mächtig und wachte sehr genau darüber, daß Regine sich nicht mit dem Jungenhaft-Männlichen versöhnte. Seine Kraft bezog dieser Wächter wie ein Kolonialherr in einem fremden reichen Land aus Regines innerem Reichtum, ihrer Vitalität. Dies entspricht ungefähr auch dem, was Sigmund Freud meint, wenn er davon spricht,daß das »Überich« tief im »Es« wurzele.

Solche Introjekte werden auch »sozial vererbt« (s. hierzu

auch S. 210. Kap. XIV). Man kann davon ausgehen, daß Regines Mutter ebenso ein Introjekt als einen »Nagel im Gemüt« hatte, wie Regine selbst. So verwundert es auch nicht, daß die Mutter einen zwar herzensguten aber insgesamt sehr schwachen Mann hatte, ebenso auch Regine von ihrem Mann als einem »zwar herzensguten, aber dennoch sehr zaghaften Vertreter seines Geschlechtes« sprach. Der Unterschied zwischen Regine und ihrer Mutter lag sehr wahrscheinlich in deren angeborenem Temperament, das sich bei Regine vitaler als bei der Mutter darstellte. Deswegen litt sie auch mehr unter diesem Introjekt und dessen Folgen wie Neid und Eifersucht gegenüber ihren Brüdern und Freunden, die das durften, was ihr selbst strikt verboten worden war. Von daher wurde sie später auch zur Verfolgerin ihres eigenen Sohnes. Dies meinte dann das zweite Moment der Gewalt, das in dem Traum sich darstellt. Der Traum erzählt von mörderischen Impulsen ihrem eigenen Sohn gegenüber, den sie – noch ungeboren – als einen Teil von sich selbst identifiziert, das es auszurotten gilt.

Verfolgt wird sie also im Traum durch ihre eigene Wut und das Introjekt zugleich. Was da getötet wird, ist ihr Sohn und zugleich ihre eigene, als jungenhaft empfundene, aufsässige wilde Teilidentität. Die Gewalt und Brutalität in diesem Traum waren für Regine erschreckend. Es war für sie auch nicht einfach, den Doppelaspekt ihrer Identität als Opfer und Täter zugleich zu verstehen und zu integrieren.

Dabei waren es jedoch nicht nur der Neid und der Zorn, die sich in die mörderischen Impulse gegen den Jungen im Traum einspeisten, sondern auch die unbewußt andauernden Ängste, mit der Präsentation von etwas Männlichem von der Mutter verstoßen zu werden.

Andererseits spürte Regine schon, wie sehr sie gegen das

Introjekt, den inneren Wächter rebellierte. Dieser war ihr mehr »eingetrichtert« oder eher noch als Nagel in den Kopf geschlagen worden, als daß sie ihn selbst gewollt hätte. Es gehörte schon zu ihrem Selbstverständnis, Mutter – auch von einem männlichen Kind – sein zu wollen. In dem Konflikt zwischen Loyalität zu sich selbst als Mutter und damit auch zu dem Kinde einerseits sowie Neid, Zorn und Angst andererseits war Regine überfordert.

Dieses unentschiedene Hin und Her bekam der erste Sohn unmittelbar – hautnah – zu spüren, und er »antwortete« darauf mit einer entzündlichen Veränderung der Haut. Haut als (An-)Grenzorgan und Verbindungsorgan, als Ort des Streichelns und des Schlagens – so könnte man es symbolisch verstehen.

Warum der zweite Sohn unmittelbar »verschont« blieb, weiß ich nicht. Bildlich gesprochen, hatte sich Regines Konflikt aber immer mehr von außen nach innen in die Eingeweide verlagert, die er zerfraß. Wie so häufig bei solchen Konflikten blieb auch hier nur die Alternative zwischen Fremd- und Eigenzerstörung. Wobei dies noch dahingehend erläutert werden muß, daß das Kind eben nicht nur »als ein anderes«, sondern gerade eben auch von Regine als ein Teil ihrer selbst wahrgenommen wurde.*

In der Therapie gelang es, Regine ein weniger ängstliches Verhältnis zu ihrer eigenen Wildheit finden zu lassen, was

---

* Das, was hier in unserer Alltagssprache so verwirrend und widersprüchlich klingt, läßt daran erinnern, daß hier von einem Traum die Rede ist, durch den Regines Konflikt sich darstellt. Die für den Traum typische Sprache ist »primärprozeßhaft«. Gemeint ist damit ein Denken und Reden, wie es Kindern bis zum Schulalter hin zu eigen ist. In diesem Denken sind Widersprüche »kein Problem«. Näheres hierzu s. im Anhang unter »Traum«.

auch die längere Einbeziehung des Ehemannes in die Gespräche erforderlich werden ließ.

Ungefähr zur Halbzeit der Therapie träumte Regine den folgenden Traum:

»Ein großes, aus Naturstein gebautes Haus … Ein steiniger, naturgewachsener Garten, hügelig die Landschaft um das Haus. Ein weiter Blick ins Land über Wiesen mit Zäunen, eigentlich etwas zu hohen Zäunen.

Im Haus wenig Mobiliar … Ich wohnte allein …

Eine Katastrophenmeldung im Radio über einen Wirbelsturm. Im gleichen Moment sah ich am Horizont den Wirbelsturm wie eine riesige schwarze Wolke.

Eine mir unbekannte Frau kam mit einem Baby – in Dekken eingehüllt auf dem Arm – und ihrem Mann zu mir, um Schutz zu suchen. Es waren Ausländer, Südländer oder Türken. Ich ließ sie aber am Rande des Gartens auf einer Mauer sitzen, und sie waren zufrieden.

Nach dem Sturm ringsum totale Verwüstung, nur das Haus und der Garten unversehrt.

Dann ein Arzt, ebenfalls unklare Konturen, aber er war mir vertraut, kümmerte sich um die vielen Kinder und Leute, die da waren, und holte sie alle weg.

Dann ein Spaziergang mit etlichen Leuten durch Wiesen und zerstörtes Umfeld. Ich hatte das Gefühl, keine Luft zu bekommen, weil mein Mund und meine Nase voller Schmutz waren.«

Regine hatte keine Angst vor dem Sturm. War es der Sturm

ihrer Empfindungen, vielleicht auch ihrer bislang abgewehrten, als männlich identifizierten, Wildheit?

Die Zäune zu Beginn des Traumes waren etwas zu hoch. Hatten diese etwas mit den Zäunen zu tun, in denen sie als Kind hängengeblieben war und sich die Kleider zerrissen hatte?

Mit dem Sturm kamen die Fremden, die Unterkunft und Schutz bei ihr suchten. Ganz ins Haus ließ sie diese nicht, aber sie wies sie auch nicht ab.

Annäherung an das eigene Fremde?

Mund und Nase sind voller Schmutz, dadurch das Gefühl, keine Luft zu bekommen.

Folgen des Sturmes?

Regine selbst sagte wenig zu ihrem Traum. Wohl, daß es »in ihr tobte wie der Sturm«; wohl auch, daß die Fremden ihr eigentlich immer sympathischer geworden seien. Sie habe auch gewußt, daß sie nicht ersticken würde.

Meine obigen Vermutungen behielt ich für mich, hatte aber den Eindruck, daß der folgende Traum, den Regine in der Schlußphase der Therapie mitbrachte, meinen Vermutungen entgegenkam:

»Eine Bahnhofsgegend irgendwo, ein Auto, mit dem ich meine Tante abhole.

Sie hat ein Baby in der Tragetasche bei sich, einen schwarzhaarigen, hübschen Jungen, ihr Kind. Sie ist aber schon über 60 Jahre alt. Diese Tante ist (in Wirklichkeit) kinderlos.

Im Verlauf unseres Gespräches sagt sie mir, ich solle Her-

mann (den Mann der Patientin, E. S.) heiraten und ihren Sohn adoptieren, sie wolle ihn nicht. Sie sei 30 Jahre kinderlos und jetzt wolle sie auch kein Kind mehr.

Auf meinen Protest hin, daß ich längst mit Hermann verheiratet sei und bereits Kinder hätte, ging sie überhaupt nicht ein!

Ich rege mich auf, daß sie ihrem Baby statt Milch einen Lutscher in den Mund steckt.«

Regines kurzer Kommentar zu dem Traum: »Das schwarzhaarige Kind ... Die schwarzhaarigen Fremden auf der Mauer ... Das Kind soll jetzt adoptiert werden. Adoption des fremden Kindes ... Soll ich das Kind wohl sein?«

In der Tat hatte sich Regine »dem Fremden in sich selbst«, vor dem das Introjekt, der Engel mit dem Flammenschwert, stand, genähert. Soweit sogar schon genähert, daß die Adoption, die Annahme zur Diskussion stand.

Ich habe Regine noch einmal acht Jahre später gesprochen. Mit ihren Söhnen kam sie deutlich besser aus, einen neuerlichen Schub der geschwürigen Darmentzündung hat sie bislang nicht wieder erlitten. Sie ist aber eine sehr aktive und engagierte Frau geworden. Eine ihrer wichtigsten Aktivitäten besteht in dem Engagement für Strafgefangene.

Regine hat über die Therapie ihre ganze Person wahrnehmen, aushalten und auch akzeptieren gelernt. Die verbannten Persönlichkeitsanteile, d. h. ihre eigene, als männlich identifizierte jungenhafte Wildheit, durften immer näher in ihr Gesichtsfeld rücken: erst bis zur Mauer am Rande ihres Grundstückes, auf die sich die fremden Südländer niederlassen durften; später war dieses Fremde in Gestalt des schwarzhaarigen Jungen so nah, daß die Adoption zur Diskussion anstand.

Indem Regine dies für sich selbst annehmen konnte, ge-

lang es ihr auch, die »wilde Männlichkeit« ihrer Söhne zu »adoptieren«. Sie konnte ihnen gegenüber gelassener bleiben, mußte sie auch nicht mehr ständig kontrollieren, so wie sie früher selbst kontrolliert worden war. Und das war der entscheidende Schritt, durch den die soziale Vererbung, die Weitergabe des Introjektes an ihre Söhne unterbrochen wurde. Regine konnte diese jetzt akzeptierend wahrnehmen, so wie sie ihre Tochter – die sie zwischen den beiden Söhnen bekommen hatte – von Anfang an akzeptieren konnte. Sie mußte ihnen kein Introjekt mehr einnageln, um sie in ihrer Wildheit unter Kontrolle zu halten. Regine konnte hier die Kettenreaktion der – erzieherischen – Gewalttätigkeiten unterbrechen.

Es ist auch das Eigentümliche eines solchen Introjektes, daß »es dumm und blind ist« und denjenigen, der daran leidet, auch in einer gewissen Art dumm und blind macht.

Das Introjekt wacht nur über bestimmte Verhaltensweisen, z. B. Höflichkeit gegenüber dem Chef. Es kann nicht verhindern, daß zur »Entlastung« an anderer Stelle »die Sau rausgelassen wird«.

Introjekte bewirken auch noch ein weiteres:

Wenn sich mein Gegenüber vermeintlich oder tatsächlich nicht dem Introjekt unterwirft, unter dessen Knechtschaft ich selber stehe, so kann mich dieses Gegenüber wütend machen. Und in meiner Wut gelange ich in die Alarmstimmung, die schon im III. Kapitel genannt worden ist. Diese

Alarmstimmung nimmt mir die Sicht auf mein Gegenüber, so daß die Aggressionshemmungen unterlaufen werden.

Deswegen schlug Regine auch zu, wenn sie die aufsässige Unordentlichkeit in dem Zimmer ihres Sohnes sah (allerdings hatte sie auch das Ideal einer annehmenden Mutter in sich, so daß sie über ihre hilflosen aggressiven Durchbrüche beschämt war).

Entmächtigt werden konnte das Introjekt in mehreren Schritten:

- Indem es im Traum als Verfolger identifiziert und später benannt werden konnte, verlor das Introjekt seinen Rumpelstilzchencharakter. Introjekte wirken nämlich am effektivsten, wenn sie unerkannt bleiben.
- In der probeweisen Annäherung an das Fremde im Sturm wurde probeweise auch gegen das verbietende Introjekt gehandelt, ohne daß die Welt unterging.
- Vorgängig ist dem aber, daß Regine bereits über eine starke Ausdruckskraft und eine lebendige Phantasie einschließlich einer lustvollen Spielerfahrung verfügte. Deswegen konnte sie sich im Traum – später auch real – auf Neues einlassen.

Dieses Moment war es übrigens auch, das sie wie Hieronymus vor dem Schlimmsten bewahrte. Gemeint ist ein vernichtender Angriff auf ihren eigenen Sohn.

Über die lustvolle Spielerfahrung konnte übrigens gleich auch eine gute Beziehung zu mir, d.h. ihrem Therapeuten, hergestellt werden. Regine war immer wieder mal im Laufe der Therapie wütend auf mich, weil ich an »unpassenden« Stellen wie gleich zu Beginn zuviel lachte, dennoch war die Therapie eine gute »Rauferei«. Ich wanderte in meinen Gedanken häufig zu »meiner Straße«, in der ich früher gespielt hatte (s. Kap. VII). Es war oft ein »wildes Spielen« gewesen –

was sehr gut tat gegen die Erwartung, als Flüchtlingskind in den zugewiesenen Wohnungen sich besonders brav zu verhalten.

In den beiden nächsten Kapiteln wollen wir uns mit eben diesem Moment noch weiter beschäftigen. Es sollen dann auch noch weitere »zeitgenössische« Introjekte zur Sprache kommen. Bei Regine hat es sich ja mehr um ein »altmodisches« Introjekt gehandelt, obschon dies uns allen auch noch bekannt sein dürfte.

V
Nägel in den Köpfen und Heftpflaster darüber

»Kinder werden also weniger als das gesehen, was sie sind, denn als das, was aus ihnen werden soll, so als wäre die Kindheit nur ein Provisorium, ein Vorstadium des vollwertigen Lebens. Dieser Umgang mit der Kindheit ergibt sich automatisch, aber uneingestanden aus der Philosophie der Rivalität, die unsere Gesellschaft ordnet. Wer sich im freien Wettbewerb durchsetzt, hat das Sagen.«

Horst-Eberhard Richter

Als ich Jürgen zum Einstieg in eine Therapie das Buch »Momo« von Michael Ende empfahl, schaute er mich mit großen Augen zunächst erstaunt, dann eher zweifelnd an. Er könne auch das Buch seiner bald zehnjährigen Tochter vorlesen, sagte ich weiter. Ich wäre mir ziemlich sicher, daß er in ihr eine interessierte Zuhörerin für diese Geschichte finden würde.

Jürgens erstaunter Widerspruch zu meinem Vorschlag, in einem »Kinderbuch« zu lesen, wandelte sich in Nachdenklichkeit. Es stimmt, äußerte er sich dann, die letzten 15 Jahre hätte er für seine drei Kinder und ebenso auch für seine Frau herzlich wenig Zeit gehabt – obgleich seine Familie für ihn sehr wichtig sei. Aber da war eben der Erfolg. Der ließ ihn nicht los.

Seine Versicherungsagentur stand auf der Erfolgsliste, die die Versicherungsgesellschaft für eine bestimmte Region jeweils herausgab, ganz obenan. »Möchten *Sie* etwa absteigen?« fragte er mich heftig. An dieser Stelle brach es mit Macht aus ihm heraus.

Sein »Möchten *Sie* etwa absteigen?« gellte mir noch lange in den Ohren. Die Angst vor dem Abstieg war so groß, daß er sich nicht die sechs Wochen für einen stationären Aufenthalt nehmen wollte, obgleich er unter seiner Symptomatik bereits seit zwei Jahren litt, wie er bei unserem ambulanten Vorgespräch berichtete.

Herzrasen, Schweißausbrüche, Panikzustände quälten ihn mit zunehmender Heftigkeit. Jetzt hatten sich auch noch erhebliche Durchschlafstörungen eingestellt.

Obschon ich den Eindruck hatte, daß Jürgen die Notwendigkeit einer stationären Therapie einsehen und dann auch verstehen konnte, was es mit Momo bzw. mit den Grauen Herren in dieser Geschichte auf sich haben mochte, tat er sich dennoch weiterhin Gewalt an. Nein, absteigen wollte er nicht, lieber die Symptome noch weiter aushalten.

Ob es da nicht ein Mittel gäbe, fragte er etwas verschämt, wohl schon ahnend, was meine Antwort sein würde. Er akzeptierte es auch sofort, als ich ihm sagte, daß er in seinem Auto ja auch nicht ein Pflaster über eine rote Warnlampe klebte, wenn diese plötzlich aufleuchten würde. Das Mindeste in solch einer Situation wäre doch, anzuhalten, auszusteigen und nachzuschauen, was denn los sei.

Für sich selber hätte Jürgen aber ganz gerne ein Pflaster gehabt. Eins, das zudecken sollte, daß er zu lange schon ein Knecht der Grauen Herren war. Seine Symptome waren im Grunde Ausdruck seiner Loyalität zu sich selbst, ein verzweifelter Protest gegen die Herrschaft der Grauen Herren. Diese lebten in ihm selbst in Form des Introjektes: »Willst du etwa absteigen?!«

Aber sie existieren auch außerhalb seiner Selbst – es waren die Herren (vielleicht auch Damen), die sich den Trick mit den öffentlichen Leistungsskalen hatten einfallen lassen.

Solche Leistungsskalen gibt es auch anderenorts, z.B. im Bankgewerbe. Auch hier werden – in einer Art Weltbesten-Rangliste – die einzelnen Filialen nach Umsätzen und Steigerungsquoten geführt. Es sind die Gesetze des Marktes, die hier herrschen. Und der Markt ist, so J. Moltmann*, zu einer alles beherrschenden gesellschaftlichen Institution geworden. Diese bestimme alle sozialen Beziehungen und auch das persönliche Selbstwertgefühl. Dazu noch das Denken und Sprechen, möchte man hinzufügen. Besonders auffällig ist das z.B. auch in der Psychotherapie, wo dem Patienten seitens des Therapeuten laufend Angebote – Beziehungsangebote, Rollenangebote, Deutungsangebote, Gruppenangebote ... – gemacht werden. Zur gefälligen Nachfrage.

Marktbeziehungen waren ursprünglich – so Moltmann weiter – Tauschbeziehungen. Man produzierte nur für den Eigenbedarf und brachte den Überschuß auf den Markt. Das habe sich nun in den modernen Gesellschaften grundlegend geändert. Nicht mehr die menschlichen Bedürfnisse, sondern die Erfordernisse des Marktes in ihrer Eigendynamik seien das bestimmende Gesetz für die Produktion. Das habe

* »Die Flügel nicht stutzen, warum wir Utopien brauchen«, 1994.

dazu geführt, daß in vielen Ländern die einheimische, für den eigenen Lebensunterhalt gedachte Subsistenzwirtschaft in ihren Grundlagen zerstört wurde und großflächige Monokulturen für den Weltmarkt angelegt wurden. Die Kleinbauern mußten weichen und wurden vertrieben, damit landwirtschaftliche Großbetriebe angelegt werden konnten. Diese seien ausschließlich an Exportinteressen orientiert. Hier zeige sich dann eine schwerwiegende Neuorientierung: »Der Markt dient nicht mehr den Menschen, sondern die Menschen dienen dem Markt. Das verwandelt auch die mitmenschlichen Beziehungen. Ursprünglich und normalerweise beruhen diese auf gegenseitiger Anerkennung, wie wir es im Privatleben, in Familien und Nachbarschaften noch kennen. Seit der Markt zur beherrschenden gesellschaftlichen Institution geworden ist, lösen sich die Beziehungen gegenseitiger Anerkennung auf. Der in gegenseitiger Anerkennung erfahrene Selbstwert weicht dem öffentlichen Marktwert. Der Markt durchdringt immer weitere Lebensbereiche, darum sprechen wir von Kapitalmarkt, Arbeitsmarkt, Lebensmittelmarkt, Getränkemarkt, Drogenmarkt, Heiratsmarkt ...« Der Therapiemarkt mit seinen Angeboten fügt sich nahtlos ein.

Ein Charakteristikum der Marktgesellschaft sei nun – so Moltmann weiter – die vordergründige Gleichheit aller. Ob Mann oder Frau, Weißer oder Schwarzer, als Käufer und Verkäufer seien alle gleich und alle hätten zunächst denselben Preis zu zahlen. »Der Markt hat die Privilegien der alten Ständegesellschaft abgeschafft. Die Waren und Dienstleistungen zirkulieren unter den Menschen ohne Ansehung der Person. Der Markt führt damit aber zugleich neue Ungleichheiten ein: Er nimmt keine Rücksicht auf Arme und kennt den Unterschied zwischen Starken und Schwachen nicht. Er

bevorzugt die Tüchtigen und benachteiligt die Schwachen, fördert die Ersten und bestraft die Letzten. Nach dem Gesetz der Konkurrenz und des Überlebens des Tüchtigsten wird der Markt zu einer Maschine, die ständig Opfer erzeugt; den Konkurs der schwächeren Betriebe, die Entlassung der schwächeren und älteren Menschen, die Benachteiligung der Frauen, weil sie nicht ständig auf dieselbe Art zur Verfügung stehen wie Männer.«

Auf dem Weltmarkt zwängen die kapitalstärkeren Nationen den schwächeren die Marktgesetze auf, wie im GATT, und schrieben ihre ökonomische Abhängigkeit fest. Ein Beispiel: Die Bananenentscheidung der EG führte zahllose Kleinbauern in Zentral- und Südamerika in den Ruin.

»Wer immer eine Stellung auf dem Arbeitsmarkt sucht, erfährt, wie sehr seine menschliche Würde mit seinem Marktwert als Leistungsbringer oder als potentieller Käufer identifiziert wird. Wer aus Gründen von Rationalisierung entlassen wird, spürt an seinem inneren Selbstwertgefühl, wie er oder sie sich selbst mit ihrem Leistungswert identifiziert hatte. Die Folgen solcher Beurteilungen von Menschen nach ihren Leistungen und ihrer entsprechenden Selbstbeurteilungen sind aufgebauschte und dann gekränkte Selbstwertgefühle, durch Kaufkraft materialisierte und dann gestörte Beziehungen. Weil man sich in Arbeit und Konsum selbst verwirklichen soll, geht man sich in Arbeitslosigkeit und Armut selbst verloren. (...) Die es geschafft haben, schwimmen auf der Woge allgemeiner und eigener Anerkennung; die es nicht geschafft haben, gehen in Verachtung, Mitleid und eigenen Depressionen unter. Gewöhnlich machen sich die Verlierer das Wertsystem der Gewinner zu eigen und verurteilen sich selbst zu Versagern. Weniger Geld – weniger Wert – weniger Selbstvertrauen: Man wird mißerfolgsorientiert und versagt. Dies ist das schwerste persönliche und psychologische Problem der Marktgesellschaft. (...) Jetzt zählt nur noch, was einer leistet und was einer sich leisten kann. Das macht es, wie jede Lehrerin und Sozialfürsorgerin weiß, daß Armut das am besten gehütete Familiengeheimnis ist.

Immer mehr Menschen leiden unter der Marktwirtschaft. Das gilt im Weltmaßstab genauso wie innerhalb der deutschen Grenzen. Dafür, daß sich das in absehbarer Zeit ändern könnte, gibt es keinerlei Anzeichen, eher im Gegenteil. Die herrschenden Politiker und Ökonomen sind sich einig, in der weltweiten Krise der Marktwirtschaft einen flächendeckenden Abbau von sozialen Sicherungen durchzusetzen. Ihre Leitvorstellung: Dem Niedergang der Produktivität muß (...) mit einer Stärkung der Leistungsträger durch einen Rückzug aus nicht-produktiven Bereichen begegnet werden. Da die Subventionen von Armen, Alten, Arbeitslosen und Kranken volkswirtschaftlich unproduktiv ist, wird hier zur Zeit am schärfsten geschnitten.

Natürlich wissen wir im Kopf, daß der Mensch mehr ist als sein Marktwert. Natürlich wissen wir, daß die Menschenwürde eine und unteilbar und dieselbe ist beim Stadtstreicher wie beim Oberbürgermeister, beim Nichtseßhaften wie bei Villenbesitzern. Aber sie wirkt nicht so regulativ wie der genannte Marktwert eines Menschen auf das öffentliche Leben. ›Menschenwürde‹ wirkt gerade noch auf Arbeitslosenunterstützung und Sozialhilfe als ›soziale Abfederung‹ derjenigen, die aus der Marktgesellschaft herausgeworfen worden sind«.

Moltmann skizziert dann die Utopie einer anderen sozialen Reifestufe der Gesellschaft, in der weniger »pubertär« miteinander umgegangen werde, indem »wir gemeinsam und öffentlich von der Konkurrenz zur Kooperation übergehen«. Dann bräuchten wir vielleicht auch keine öffentlichen Benotungen unserer Leistungen mehr, könnte man in unserem Zusammenhang hinzufügen. Auch solche Benotungen, die das 1993 neu erschienene Nachrichtenmagazin Focus mit Ranglisten für die »besten Anwälte und Ärzte« einführte, um Leser zu gewinnen, würden dann vielleicht weniger interessant. Zumindest könnte die Problematik, die den »Auswahlkriterien« und dem Zustandekommen solcher Listen zugrunde liegt, deutlicher werden.

Kooperation statt Konkurrenz meint auch weniger Entwertung des einzelnen jeweils im Vergleich mit den anderen. Es ist kein Zufall, daß der krankhafte Narzismus, d. h. der oft quälende Zwang, sich selbst über die mehr oder minder deutliche Entwertung des Gegenübers herausstellen zu müssen, das häufigste seelische Problem unserer Zeit darstellt. Das »Zeitalter des Narzismus« – so bereits ein Schlagwort – fällt mit dem Zeitalter dieser von Moltmann skizzierten Konkurrenzgesellschaft zusammen.

Über das Spielen und schöpferische Handeln ohne Benotungen und ohne Konkurrenz mag eine Beeinflußbarkeit dieser Problematik auch außerhalb von Therapie gegeben sein. Hierzu gleich mehr im nächsten Kapitel.

Bei der Gewalt, die sich Jürgen angesichts des Druckes durch die öffentliche Benotung antat, mußte ich an die Gewalt denken, die die Schüler erlitten hatten, indem sie ihre Noten vorgelegt bekamen – und an ihre gewalttätige, nach

außen gerichtete Reaktion als Antwort auf eben diese Gewalt.

Wo bleibt diese Antwort auf erlittene Gewalt, wenn sie sich nicht, wie bei Jürgen, nach innen richtet?

Bei der Pfändung der Häuser von arbeitslos gewordenen Menschen, die jetzt ihre Raten nicht mehr bezahlen können? Bei der Banalität, daß die Sollzinsen derzeit zwischen 12 und 13 % liegen, die Habenzinsen bei 2,5 % und die Großbanken (womit aber nicht deren Angestellte hinter dem Schalter gemeint sind) immer reicher, die Schuldner immer ärmer werden in unserem Lande?

Es handelt sich hierbei genau um den von Moltmann beschriebenen allgemein gewalttätigen Umgang in einer »pubertären« Konkurrenzgesellschaft.

Das Introjekt »Willst du etwa absteigen?!« ist weit verbreitet und führt zum gewaltsamen Umgang mit sich selbst – aber auch zum gewaltsamen Umgang mit den Mitmenschen. Keiner will der letzte sein. So sind wir plündernd unterwegs als Wegelagerer auch zu uns selbst und nennen das Erfolg.

Warnsymptome der Art, wie Jürgen sie dabei entwickelte, werden unterdrückt mit Beruhigungsmitteln oder Alkohol.

Beruhigungsmittel vom Benzodiazepin-Typ wie Valium (R), Tavor (R) und Lexotanil (R), die schon zwischen 1–5 mg eine sehr starke Wirkung haben, werden eher tonnen- denn kilogrammweise produziert und in der Bundesrepublik konsumiert (ausdrücklich sind damit nicht die bei psychiatrischen Erkrankungen sehr hilfreichen Antidepressiva und Neuroleptika gemeint).

Stellen sich hingegen andere Symptome ein, wie das Gefühl, hohl und leer, ausgebrannt, »genervt«, angeödet zu sein, werden (Schein-)Erlebnisse konsumiert: Kalorien (light), Kleidung, Kokain … PartnerInnen, Reisen, »Adventure« – und sei es die bürgerliche Billigvariante in Form des Zappens durch 30 Fernsehprogramme.

Hier zeigt sich sehr deutlich eine Verknüpfung von Sucht und Gewalterscheinungen. Indem wir Angst haben abzusteigen, plündern wir uns selbst aus und ebenso unsere Welt, in der wir leben. Und damit wir das nicht merken, pflastern wir uns zu.

»Leistung lohnt sich wieder« stand unter dem Konterfei des Tennisidols Boris Becker, das die Deutsche Bank zu Werbezwecken präsentierte. Als der Tennisstar dann von Platz Nummer 1 der Weltrangliste verschwand, verschwand auch sein Bild aus der Deutschen Bank. Ich vermute hierzu, daß es nicht nur die Image-Pflege ist, die Wirtschaft und leistungsfähige Sportidole zusammenfinden lassen. Zwar symbolisiert z.B. Steffi Graf für Opel nahezu überzeugend das Zusammengehen von Geschäft, Hochleistung und »fair play«. Sie posiert gewissermaßen als Gütesiegel in einer Welt, in der 1993 der öffentlich gewordene Zwist zwischen Opel und VW um den Wechsel des Managers Lopez plötzlich ein Licht auf die Art und Weise des Verdrängungswettbewerbes geworfen hat.

Aber ist die Mentalität des Verdrängungswettbewerbes in Sport und Wirtschaft nicht nahezu identisch, ist Sport – zumindest im Hochleistungsbereich – mit Geschäft nicht deckungsgleich?

Verräterisch ist die Sprache, mit der Sieg und Niederlage der Tennisidole in den politischen (!) Rundfunk-Nachrichten gemeldet werden. »BB schaltete seinen Gegner XY in zwei Sätzen aus«. Meine sanfteste Phantasie hierzu wäre, daß die beiden Gegner (!) sich als wechselseitig ausschaltbare Maschinen betrachteten. Die allgemeine Gnadenlosigkeit in der Hochleistungsmentalität, das Nichtabsteigenwollen um jeden Preis läßt aber vermuten, daß vergleichsweise mit Maschinen pfleglicher umgegangen wird als mit den Menschen. So wie Jürgen, der bei seinem Auto Warnsignale eher beachten würde – aus Sorge, daß etwas »heißlaufen könnte« – als bei sich selbst.

Die Perversion des antiken olympischen Gedankens, daß nämlich »Dabeisein« wichtiger ist als zu siegen, zur Doping-Mentalität, nämlich siegen um *jeden* Preis, auch den der eigenen Gesundheit, weist nur auf die Spitze des Eisberges. Darunter zeigt sich eine allgemeine Bereitschaft zur Brutalität im Umgang mit »unserem Körper«, um nicht abzusteigen. Typischerweise sprechen wir ja auch schon lange nicht mehr von unserem (»beseelten«) Leib, sondern vom Körper. Dies durchaus im Sinne eines distanzierten physikalischen Körpers, dem wir fast alles zumuten können: Nikotin, Alkohol, permanenten Ruhe- und Schlafentzug, Risikosportarten, Motorrad, Auspuffgase, Lärm, Pestizide, Herbizide ... Die Reihe wäre nahezu endlos.

Nur scheinbar im Widerspruch dazu steht unsere gegenwartstypische Gesundheitsideologie: Vitamine und Müsli; Kalorien, Nikotin und Alkohol nur »light«; Zahnpasta und Matratzen nur »klinisch getestet«; ärztlicher Fortschritt und ärztliche Dienstleistungen bis zur »Abwicklung« von Zeugung und Sterben (nur die Vorsorge wird nicht beansprucht, da sie mit unserer Verdrängung kollidieren könnte), Joggen und Fitneß, Sauna, Kuren, Körperkult, Kosmetika …

Alibi? Pflaster aufs schlechte Gewissen? Motiv, noch ausgiebiger die Selbstausplünderung betreiben zu können? Vermutlich alles zusammen …

Bei diesem Widerspruch zwischen Fürsorge einerseits sowie Entwertung und Schonungslosigkeit andererseits denke ich auch an Hieronymus' Vater. Dieser entwertete die Gestalt seines Sohnes (»Mickerling«), gleichzeitig pflegte er ihn nach seinen Möglichkeiten (Blut für Milch).

Spiegelte dies etwas von seiner Nazi-Ideologie wider? Das »Deutsche Volk als Organismus, als Körper ausgezeichnet durch Rasse und Blut«, für den die Ermordung von Millionen von Menschen (»Liquidierung von Parasiten«) einen gesundheitsförderlichen »hygienischen Akt« darstellte? Aber eben dieser »ausgezeichnete Organismus«, dieser »Volkskörper« wurde durch die aberwitzige Idee, die Nummer 1 der Welt zu sein, gnadenlos verschlissen.

Gibt es einen Bezug zwischen dem gegenwartstypischen Nicht-absteigen-Wollen und der Nazi-Ideologie? Ist letztere teilweise zumindest darin (schlecht) aufgehoben, getarnt, aber nicht entschärft? Ich fürchte, ja.

Brutaler Umgang mit dem eigenen Körper und die Illusion, mit Pflästerchen dies nahezu unbegrenzt betreiben zu können, heißt die Eigengesetzlichkeit des Körpers zu ignorieren, bedeutet dessen Entwertung.

Dann ist aber auch »der Körper« des Gegenübers wertlos,

dann darf man zuschlagen, würgen, vergewaltigen, mißbrauchen ... Dann sind es eben nicht erst die Morde und Gewalttaten in Film, Fernsehen und Video, die als Brutalospiele körperliche Unversehrtheit zur Disposition stellen. Die Entwertung des Körpers beginnt schon mit dem brutalen Umgang mit sich selbst – aus Angst vor dem Abstieg.

Wenn aber diese Angst – auch als Folge des »Notendarwinismus« (s. a. Kap. III.) – so handlungsmächtig ist, dann kann es Ziel eines jeden Sportunterrichtes und Breitensports im Verein zunächst *nicht* sein, Leistungen hochzukitzeln. Ziel wäre es vielmehr, zunächst einen – trotz allem – immer noch beseelten Leib, zumindest einen Körper mit seiner Eigengesetzlichkeit, ins Bewußtsein zu rücken. Konkret hieße das z. B. Spiele um des Spielens willen (play) und Gymnastik statt zensierter Leistung.*

Das Prozeßhafte der Bewegung anstelle des Produktes »Sieg« ist das Entscheidene. Oder noch kürzer: »Play« statt »Match«!

Das zweite Moment, das hier – neben dem »play« – gegen Gewalt zur Geltung kommen kann, ist die Betonung des »fair play«: Spiele als Kommunikation, als Begegnung mit dem Du, eben dieses Moment eines »sensus communis« dabei zur Entfaltung kommen lassen! Auch hier gilt als Gegensatz das »match«.

Match meint strategisches Spiel. Das Gegenüber ist hier kein Du, sondern ein Gegner, dessen Aktion meine Absicht zu siegen stört. Der Gegner wird wie ein Objekt betrachtet, dessen Verhalten ich zu meinem Vorteil berechnen muß. Er ist dabei nur insofern eine Person, wie ihm Absichten, Taktik

* Das heißt aber nicht, daß Leistungssport in freiwilligen Arbeitsgemeinschaften nicht möglich sein sollte.

und Strategie unterstellt werden, die ich in meinen Handlungen vorausberechnend einbeziehe. Dieser berechnende, unkommunikative Charakter des Handelns ist für das »match« typisch.

Aus den Therapien von Patienten und Patientinnen, deren Gewalterfahrung »nach innen geschlagen ist«, aber auch aus der Therapie von GewalttäterInnen, wissen wir, welche Chancen Spiele im Sinne von play und fair play mit sich bringen. Die therapeutische Arbeit besteht dabei einzig und allein darin, Sorge zu tragen, daß aus dem play und fair play kein match wird. Der Teufelskreis von Gewalterfahrung, Angst und Gewaltproduktion – entweder nach innen oder nach außen – kann dabei unterbrochen werden.

Warum sollten nicht auch in Schulen und Sportvereinen solche Möglichkeiten aufgegriffen werden?

Wenn in Ländern wie Berlin, Brandenburg und Hamburg die Chance besteht, bis ins 4. Schuljahr hinein in Konferenzen darüber abzustimmen, ob Noten- oder Berichtszeugnisse für die Schüler erstellt werden sollen, so müßte es doch möglich sein, nach dem ersten Schritt, mit dem die Note für den Schulsport abgeschafft worden ist, im zweiten Schritt auch qualitativ den Schulsport in Richtung auf play und fair play hin auszurichten.

Ermutigend ist, daß hier einiges in Bewegung geraten ist, wie »Die Grundschulzeitschrift«, April 93, berichtet. Entscheidend ist dabei jedoch immer noch, daß die Eltern sich nicht von unumstößlich erscheinenden Unterrichtszielen und Lehrplänen abwimmeln lassen, sondern ihr Begehren gegenüber dem Kultusminister und ihrem Landtagsabgeordneten laut werden lassen.

Als Zeichen, daß sich insbesondere auch bei den LehrerInnen etwas wandelt, empfand ich folgende Leserzuschrift in »Grundschule heute« vom April 94:

»(...) Als Alternative schlage ich (für den Sportunterricht – anstelle von Ziffern-Noten –) verbale Beurteilungen und folgende, am jeweiligen Lehrplan orientierte Formulierungen vor, die aber noch erweitert werden müßten:

Bei M. fällt mir auf, wie geschickt er mit Bällen umgeht.

- M. bewegt sich sicher und gewandt an Geräten.
- M. kennt Regeln und setzt sich für deren Anwendung ein.
- M. konnte sich im Turnen/in der Leichtathletik/im Schwimmen/... für die Schulmannschaft qualifizieren.
- M. ist der schnellste Kurzstreckenläufer seiner Altersgruppe an unserer Schule.
- M. zeigte bei Mannschaftsspielen Übersicht und konnte sich angemessen einsetzen.
- M. beteiligte sich gerne an Ballspielen/Laufespielen/Mannschaftswettkämpfen/...
- M. zeigte Freude an jeder Art von Bewegung.
- M. zeigte Fortschritte bei rhythmischen Bewegungsaufgaben/bei Bewegung nach Musik/...
- M. hat Fortschritte bei der Wassergewöhnung gemacht.
- M. ist im letzten Halbjahr Schwimmer geworden.
- M. ist bereits ein sicherer und gewandter Schwimmer.
- M. schwimmt bereits sicher in Brust- und Rückenlage.

... Ich denke, daß sich, von vereinzelten Ausnahmen abgesehen, für jedes Grundschulkind für die zwei Halbjahresinformationen und zwei Zeugnisse positive Beurteilungen finden lassen und sich dies günstig auf den Sportunterricht sowie auf das Sportverhalten in der späteren Schulzeit und im Erwachsenenleben auswirkt.

Gleiche und gleichartige Gründe kann man auch für den Ersatz der Noten durch verbale Beurteilungen in den Fächern Musik, Bildende Kunst, Textiles Werken und Religion anführen.

Vielleicht wäre das ein erster kleiner Schritt, im Rahmen bestehender Lehrpläne die Lehr- und damit Lebensqualität in der Grundschule zu steigern«. *(Peter Reisinger)*

Erweitern würde ich den Beurteilungskatalog z.B. noch um die Formulierung:

– M. ist ein fairer/besonders fairer Mitspieler.

Damit sich solche Gedanken durchsetzen können, ist die Zusammenarbeit von Lehrern und Eltern gerade in der Grundschule von großer Bedeutung.

Elternabende bieten hier die Chance, daß solche pädagogischen Konzepte zwischen Eltern und LehrerInnen auch inhaltlich diskutiert werden.

Im nächsten Kapitel geht es weiter um play und fair play, jedoch nicht nur im Sportunterricht. Und hier wird es nun sehr spannend.

VI
Play, fair play, sensus communis
Vom Spiel zum Gemeinsinn

»Die europäische Kultur hat in den letzten Jahren des 18. Jahrhunderts eine Struktur hervorgebracht, die noch nicht entflochten ist, man beginnt gerade erst, einige ihrer Fäden herauszulösen, die uns so unbekannt sind, daß wir sie leicht für wunderbar neu oder absolut archaisch halten, während sie doch seit nicht weniger, aber auch nicht viel mehr als zwei Jahrhunderten das dunkle, aber solide Gewebe unserer Erfahrung bilden.«

Michael Foucault

Es begann vor gut zweihundert Jahren mit einer List. Die ohnmächtige moralische Vernunft, die das Gute aufzeigt, aber alleine nicht durchsetzen kann, brauchte handlungsmächtige Verbündete.

Immanuel Kant schrieb dazu die »Kritik der Urteilskraft«, in der er gewissermaßen nach Transportmöglichkeiten für das sittlich Gute Ausschau hielt. So waren es schließlich die Freude am Schönen, die Lust aus dem freien Zusammenspiel der Einbildungskraft (Phantasie) und des Verstandes, die er

dafür als geeignet ansah. Gleichzeitig beschrieb er den »sensus communis«, den Gemeinsinn. Dieser sollte ein allgemeines Geschmacksurteil ermöglichen, indem man sich jeweils in den »Standpunkt anderer hineinversetzt.« (Weiteres s. a. im Anhang.) Von Kant ausgehend hat Friedrich Schiller angesichts der Gewalt und Schrecken in Folge der Französischen Revolution über eine »Ästhetische Erziehung des Menschen« zu einem besseren Staatsbürger und zu einem besseren Staat gelangen wollen.* Seine anthropologisch angereicherte Untersuchung liest sich auch heute noch, oder gerade heute, streckenweise atemberaubend modern. So spricht er von der Bedeutung des »Spieltriebes«, über den im »ästhetischen Zustand« passive Wahrnehmung und aktive Gestaltung verbunden werden können. Die Förderung der schöpferischen Kräfte im Menschen sei entscheidend, da diese sich dann auch positiv auf seinen allgemeinen Weltbezug auswirkten.

Spiel ist für Schiller alles das, *»was weder äußerlich noch innerlich nötigt«*. (Ergänzendes siehe hierzu im Anhang: Freiheit und Nötigung.)

Wenn wir uns nun die »ästhetische Erziehung« eines Kindes von heute ansehen, so finden wir hier viele wohlgemeinte Aktivitäten. Diese haben jedoch alle den gleichen Strickfehler, nämlich den, der schon im V. Kapitel angesprochen worden ist: die fatale Neigung, auch die kindlichen Aktivitäten wettbewerbsmäßig zu organisieren. Dies entspricht aber mehr dem vordergründigen Interesse der Erwachsenen und nicht dem der Kinder. So finden wir – von

* Der Begriff Ästhetik ist von dem griechischen »aisthesis« hergeleitet und bedeutete zunächst sinnliche Wahrnehmung und Erfahrung, weiterhin dann auch Denken.

Erwachsenen organisiert – Jugendwettbewerbe mit Bezirks-, Landes-, Bundes-Bestenlisten für das Malen, Singen, Turnen, Tanzen, Lesen, Reiten, Musizieren …

Aber: Spiel ist doch alles das, »was weder äußerlich noch innerlich nötigt«.

Wenn über die genannten Wettbewerbe eben die Nötigung beginnt, wie sie in Kap. V für unseren Versicherungskaufmann beschrieben worden ist, dann kann hier vom Spielen also nicht mehr die Rede sein. Vielmehr wird an dieser Stelle bereits schon die kindliche Welt des Spielens von den Grauen Herren kolonialisiert.

Früh bildet sich dann bereits der bekannte innere Satz als Befehl, als Introjekt, heraus: »Willst du etwa absteigen?!«

Bemerkenswert erscheint, daß zeitgleich mit der oben genannten Leistungs- und Wettbewerbsmentalität *Reservate* für eben eine leistungsfreie, nicht genötigte schöpferische Aktivität eingerichtet werden mußten. Ich selber habe an der Einrichtung solcher Reservate mitgewirkt.

Gemeint ist die stationäre Psychotherapie mit Mal-, Tanz-, Musik-, Turn-, Reit-, Erlebnis-, Spieltherapie; mit Märchentherapie und nicht zuletzt dem beliebten Matschen mit Ton.

Auch hier ist der entscheidende erste therapeutische Schritt der, daß unsere Patienten nicht unter die Herrschaft der Grauen Herren geraten. Nicht das Produkt, das mit einer Note versehen werden könnte, sondern der Prozeß selbst steht im Vordergrund. Hier kann ohne Nötigung gespielt werden.

Nicht unwesentlich sind jedoch die Ängste, die Verweigerung und der Widerstand, die viele Erwachsene und auch schon jugendliche Patienten anfänglich zeigen, wenn sie zu solch einem Tun eingeladen werden. Vor einem hochgespannten Leistungsideal – das viel Ähnlichkeit mit dem schon genannten Introjekt »Willst du etwa absteigen?!« hat – erscheint das Tun oft als Kinderkrams, Beschämung und Demütigung. Dabei macht es keinen Unterschied, ob Malen, Modellieren, Ausdrucksgebung durch Klänge oder anderes vorgeschlagen wird. Die gedanklich vorweggenommene Note und die damit verbundene Wertung für ein unzulängliches Produkt hindert die Patienten und Patientinnen zunächst, sich auf das therapeutisch Wesentliche, nämlich den Prozeß, das spielerische Geschehen zwischen passiver Wahrnehmung und aktiver Gestaltung, einzulassen.

Beeindruckend und bedrückend zugleich ist die Verachtung, die der Patient, die Patientin dabei sich selbst, dem Tun bzw. dem Therapeuten und den Mitpatienten gegenüber offenbaren. Solch eine destruktiv abwertende Haltung hat viel gemeinsam mit den gewalttätigen Äußerungen, die die Passanten in Mülheim den Werken von Alexander Pey gegenüber äußerten (s. Kap. I).

Eine solche Haltung hat nun aber auch ihre eigene Vorgeschichte, spiegelt viel von erlittener Gewalt wider, wie sie schon mehrfach im Hinblick auf die Entstehung des Introjektes »Willst du etwa absteigen?!« beschrieben worden ist.

Teilaspekte und kritische Momente bzw. auch Alternativen zu einer solchen Vorgeschichte habe ich als Hospitant am Kunstunterricht einer Grundschule verfolgen können.

Grundsätzlich ermöglicht auch der Kunstunterricht spielerisch Verknüpfung von Eindruck und aktiv gestaltetem Ausdruck. Dies meint dann die Darstellung von etwas Ei-

gen-Sinnigem. Keiner hat da hineinzureden – weder Eltern und Erzieherinnen noch Lehrer und Lehrerinnen.

Nur so, ohne Nötigung, erhalten wir ein un-verschämtes Verhältnis zur eigenen Phantasie, d. h. der produktiven Einbildungskraft und deren Gestalten.

Leider werden gerade im Kunstunterricht – wie schon erwähnt – die Kinder viel zu oft durch Zensuren, Reglementierungen, Belehrungen und Selektion genötigt, beschämt und entmutigt, so daß die wenigsten am Ende ihrer Schulzeit noch spontane Lust am bildnerischen Gestalten haben. »In den ersten zwei Klassen schauen auch die Kinder, die nach unserem Leistungsmuster die schwächsten Bilder angefertigt haben, immer noch darauf, ob ihr Bild aus der jeweiligen Kunststunde mit in der Klasse oder am Flur aufgehängt worden ist. Wichtig ist für die Kinder dabei die wechselseitige Vorstellung ihrer Bilder, mit denen sie sich noch unbefangen identifizieren können bzw. mit denen sie schon hoch identifiziert sind. Eine Auswahl der besten Bilder für irgendwelche Ausstellungen bedarf immer einer vermittelnden Erklärung.« Dies berichtete eine engagierte Lehrerin aus ihrem Kunstunterricht.

Die Pflege der schöpferischen Entfaltung im Malen meint die Pflege eines un-verschämten Eigen-Sinnes. Erlebt sich ein Kind in einem solchen Eigensinn akzeptiert, wird es auch den Eigensinn anderer leichter akzeptieren können – so wie die Kinder im Kunstunterricht nicht nur ihre eigenen Bilder vorstellen, sondern ebenfalls interessiert die Bilder ihrer Klassenkameraden und Klassenkameradinnen anschauen und besprechen, sich in deren Gestaltungen hineinversetzen. Abwertend gemeinte Kommentare gibt es nur vereinzelt: *Sensus communis, Gemeinsinn in statu nascendi!* Geburtsstunde des Gemeinsinnes. Ein solcher Gemeinsinn kann auch als Vorbeugung gegen krankhaften Narzißmus verstanden werden (s. S. 71).

Leider ähnelt der Kunst- und Werkunterricht sowie das Textile Gestalten viel zu oft mehr einem Diktat als einem Frei-Raum für das *eigene* Gestalten ohne Nötigung. Als Ergebnis hängen dann 25 einander sehr ähnliche Bilder an der Wand. Diese lassen sich zwar wie Diktate und Mathematikarbeiten leichter vergleichen und zensieren, die lustvolle Erfahrung am Eigensinn, die lustvoll erlebte Unterscheidbarkeit findet jedoch nicht statt. Die Kinder sagen dann nicht mehr: »Guck mal, das ist mein Bild!«, sondern: »Mein Bild ist besser«. Der sensus communis geht dabei zugrunde!

Wettbewerbe und Benotungen in den schöpferischen Schulfächern sowie in schöpferischen Aktivitäten allgemein bewirken gleichermaßen, daß jeder Freiraum, in dem Gemeinsinn als Grundlage eines jeglichen friedlichen Miteinanders wachsen kann, zerstört wird.

Der englische Kinderarzt und Psychoanalytiker Donald W. Winnicott hat diesen Freiraum »Intermediärbereich« genannt. Solch einen Intermediärbereich betrachtet er als notwendig für die *spielerische* Erkundung der Welt im Kindesalter. Gleichzeitig bezeichnet er den Intermediärbereich als unverzichtbar für das Erleben und Handeln des Erwachsenen zu dessen Erholung.*

Winnicott folgend, basiert das gesamte kulturelle Erleben des Menschen weitgehend auf diesem intermediären Erfahrungsbereich. Eher beiläufig verweist Winnicott auf die Bedeutung des Intermediärbereiches für die Entfaltung eines ge-

* Die erste Bedeutung, die dem Begriff »Intermediärbereich« bei Winnicott zukommt, ist die zeitliche Entwicklungsspanne »zwischen Daumenlutschen und Liebe zum Teddybären«.

selligkeitsstiftenden sensus communis – dies durchaus auch im Hinblick auf einen gesellschaftlichen Frieden: »So können wir unseren eigenen Intermediärbereich zur Kenntnis nehmen und uns freuen, wenn wir Überschneidungen entdecken. Dies sind die gemeinsamen Erfahrungen einer Gruppe (...) auf dem Gebiet der Kunst, Religion oder Philosophie.«

Hier wird sozusagen im Vorübergehen die Thematik aus der Kantschen Kritik der Urteilskraft aufgegriffen (s. Anhang: Sensus communis).

Ob Winnicott nun die Spätaufklärung im Sinne hatte, als er schrieb, daß der Intermediärbereich »in philosophischen Arbeiten Berücksichtigung gefunden, im psychoanalytischen Denken und Handeln jedoch noch nicht seinen angemessenen Platz eingenommen hat«, weiß ich nicht.

Der Ausflug in den Intermediärraum für den Jugendlichen und den Erwachsenen bedeutet lebenslang jedoch nicht nur Erholung, sondern ist auch entscheidend für den Erhalt einer lebendigen Phantasie. Diese hieß z. Zt. der Aufklärung und Frühromantik noch produktive Einbildungskraft und genoß zu dieser Zeit auch noch eine sehr hohe Wertschätzung. Erst unter der Vorherrschaft des naturwissenschaftlich-technischen Denkens kam es zur Entwertung im Sinne eines: »Das bildest du dir nur ein!«

Für Winnicott stellt nun die Phantasie die Möglichkeit dar, etwas aktiv und produktiv zu gestalten – so wie im Spielen oder in den Nachtträumen. Dies stelle auch die gegenteilige Erfahrung dar von einem – als traumatisch erlebten – passiven »Gestaltet-worden-sein«. In der Sprache Schillers entspräche dies der »Nötigung«. Spielen ohne Nötigung meint ein Spielen in Sinne von play, also kein fremdbestimmtes Spielen. Dies meint eine Welterfahrung, in der vor allem *eigene* Handlungsentwürfe aus der Phantasie heraus umgesetzt werden, wobei die Erfahrung des eigenen Handelns die Phantasie wieder bereichert.

Dies ermöglicht Erfahrungen von Autonomie*, d.h. Eigenständigkeit. Sie ist Gegenteil des passiven Gestaltet-worden-seins, meint auch Konstituierung des Selbst, das vom Gegenüber, dem Du, dem Mitspieler *spielend* unterscheidbar wird.

Erst wenn diese Erfahrung ausreichend gemacht worden ist, kann eine weitere Stufe des Spielens, nämlich die im Sinne des fair play sinnvoll erlebt werden. Dies bedeutet, daß die Kinder zunächst unter sich die Regeln geben bzw. dann auch vorgefundene Regeln übernehmen oder modifizieren.

Spielen ohne Nötigung ermöglicht also über die Erfahrung der Autonomie im ersten Schritt den darauffolgenden Schritt zur verantworteten Autonomie. Erst play, dann fair play. Winnicott beschreibt eine direkte Entwicklungsfolge vom Spielen (in unserem Begriffszusammenhang: play) zum gemeinsamen Spielen (fair play) und von hier zum kulturellen Erleben mit seinen soeben skizzierten Möglichkeiten eines sensus communis.

Die grundlegenden Erfahrungen des aktiven Gestaltenkönnens, ohne Nötigung sich entfalten können, eben des nicht passiven »Gestaltetwordenseins« haben ganz entschei-

---

* Autonomie wird hier als entwicklungspsychologischer Begriff und nicht als philosophischer Begriff, wie z.B. in der Kantschen Philosophie, verwendet.

dende Folgen: In den Augenblicken, wo Passivität und Ohnmacht wie z. B. im Straßenverkehr erlebt werden, ist nicht der destruktiv-zerstörerische, gewalttätige Handlungsimpuls zwingend notwendig, um mir noch zu beweisen, daß ich nicht zerbreche, sondern noch handlungsfähig bin. Die sichere Erinnerung an meine Handlungsfähigkeit und die Gewißheit um mein sonstiges Handelnkönnen bewahren mich davor, handeln zu *müssen*. Dieses Handelnmüssen ohne Aufschub kann z. B. dann destruktiv werden, wenn ich *jetzt*, in diesem Augenblick, unbedingt überholen *muß*. Die Erfahrung eines Gemeinsinns, eines sensus communis, läßt mir zudem das Du, das Gegenüber, weniger fremd und damit weniger bedrohlich erscheinen. Ich entdecke Freundschaft stiftende Gemeinsamkeiten.

Eine Einübung in den sensus communis läßt den Fremden*, den Ausländer, den Asylbewerber, den politisch oder weltanschaulich Andersdenkenden nicht mehr so bedrohlich erscheinen, daß ich zuschlagen müßte, um meine Identität zu retten.

Eine mit dem Spielen einhergehende lebendige Phantasie hat darüber hinaus eine wichtige Pufferfunktion. Wenn ich zornig bin und mich der Zorn zu überwältigen droht, kann es auch schon ausreichen, dem Betreffenden in der Phantasie »in den Hintern zu treten«, ich muß es nicht real tun. Alternativ hierzu müßte ich auch nicht den Zorn hin-

* Es erhebt sich hier grundsätzlich die Frage, ob Fremdheit »an sich« immer Bedrohlichkeit bedeuten muß oder ob hierfür nicht zusätzlich bestimmte situative seelische und soziale Verfaßtheiten dessen, der sich bedroht fühlt, erforderlich sind. Entlang einer These von Levinas bedeutet die Aufhebung und »Nichtung« des Fremden im gänzlichen Verstehen einen gewalttätigen Akt. (Diesen Hinweis verdanke ich Rudolf Süsske.)

unterschlucken, der mir dann ein Loch in den Magen brennen könnte.

Was können wir tun?

Rettet die Intermediärräume, in denen unsere Kinder sich ohne Nötigung entfalten können!

1. Intermediärräume stellten früher die Straßen dar, in denen die Kinder raufen, bolzen, toben, Hinke-Pinke und mit Murmeln spielen konnten. Aber in der »Unwirtlichkeit unserer Städte« – um eine Formulierung von Alexander Mitscherlich zu gebrauchen – sind die Straßen eben keine Freiräume mehr. Die Straßen sind Orte der Nötigung und der Gewalt geworden. Von daher erscheint es doch als selbstverständlich – wenn uns eine Minderung der Gewalt unserer Kinder ein ernsthaftes Anliegen ist –, daß die Straßen wieder so umgewandelt werden, daß Kinder darin leben und spielen können. Tempo 30 in allen Bereichen, in denen Menschen wohnen, wäre da noch die am leichtesten zu verwirklichende Forderung.
2. Intermediärbereiche stellen aber auch die schöpferischen Aktivitäten in der Schule dar wie Malen, Musizieren, Singen, Handarbeiten, Werken, Turnen. Noten in diesen Bereichen sind Nötigungen. Von daher gilt es, die Noten für diese Bereiche bis zum 10. Schuljahr abzuschaffen. Allerdings hieße das auch, daß bei dem gegenwärtigen Stand der Unruhe in den Klassen ohne die Disziplinierungsmöglichkeit durch Noten Klassen mit mehr als 20 Schülern nicht akzeptabel sind. Auch hier gilt es, daß die Eltern ihren Willen als politischen Willen artikulieren. Ein hoffnungsvoller Ansatz hierzu zeigt sich in den schon bereits genannten Bundesländern (s. Kap. V), in denen bis zum 4. Schuljahr statt der Ziffernoten Berichtzeugnisse möglich sind.

3. Intermediärbereiche ohne Nötigung sind jedoch auch Kinderzimmer ohne Fernseher und ohne Computer, in denen die Kinder sich mit all ihren Sinnen entfalten können und nicht zur Einschränkung ihrer Sinneserfahrungen über die Mattscheibe genötigt werden (auch wenn die Nötigung als solche von den Kindern zunächst nicht empfunden wird).*

   Auch stellt das autistische Raufen mit dem »game-boy« oder der Mattscheibe beim Videospiel keine Einübung in fair play dar.
4. Sinnvoll ist ein kritischer Umgang mit Wettbewerben. Das meint aber nicht, daß die Kinder überhaupt nicht an irgendwelchen Wettbewerben teilnehmen sollten, sondern daß wir uns einen kritischen Blick dafür bewahren – und unseren Kindern eben diesen auch ermöglichen –, wenn immer mehr wettbewerbsmäßig um uns herum organisiert wird.

Spontane Lust am »Raufen« der Kinder, am Kräftemessen untereinander ist ausdrücklich nicht gemeint, sofern es aus den Kindern selbst heraus und ohne vorherige Infizierung mit dem Leistungsgedanken durch die Erwachsenen erfolgt.

---

* Es geht dabei nicht um die Verteufelung von Technik, sondern um deren zu frühe und zu weit greifende Einführung in die Welt des play und fair play. Weiteres zur Ausgestaltung eines sinnenfreudigen Kinderzimmers siehe in: »Warum Huckleberry Finn nicht süchtig wurde«, Kap. XII.

Ein Raufen mit dem Du, auch wenn es handgreiflich wird, wird unter der Vorerfahrung und dem Vorzeichen von play, fair play und sensus communis das Du als Person nicht vergessen lassen. So wird die Auseinandersetzung, die Konkurrenz, die Feindseligkeit von der Sicht auf das Du bestimmt. Dies unterscheidet sich dann sehr von dem »match«, wo der andere eben nicht mehr als Person, sondern nur noch als ausschaltbares Maschinenteil erlebt wird.

Anders formuliert: Die Form der Auseinandersetzung unter dem Vorzeichen von play, fair play und sensus communis läßt Hemmungen wirksam werden. Die Form der Auseinandersetzung als »match« eben nicht, von daher bekommen solche Auseinandersetzungen dann auch sehr rasch einen gewalttätigen Charakter, wenn nicht ein äußerer Schiedsrichter, Polizist oder Lehrer, für die Einhaltung der Regeln sorgt.

Wenn Huckleberry Finn, Tom Sawyer und ihre Freunde zusammen spielen, dann ist dies eben ein Spiel im Sinne von play, fair play und sensus communis. Auch wenn sie miteinander kämpfen, als Räuber und Ritter sich verfolgen, sie beleidigt, gekränkt und wütend sind, immer bleibt der andere auch als Person erkennbar.

Heutzutage sollen es durchschnittlich gerade noch sieben Spiele sein, die die Kinder auf der Straße kennen und spielen. Zu Beginn dieses Jahrhunderts war es noch ein vielfaches dessen.

Ob eine ästhetische Erziehung zu einem besseren Staatsbürger führt, weiß ich nicht so genau, auf alle Fälle aber zu einem besseren Mitbürger.

Natürlich habe ich mich gefreut, als ich in der Zeitschrift »Musik-, Tanz- und Kunsttherapie«, 4/1993, folgenden Bericht fand:

Warum Hieronymus B. keine Hexe verbrannte

Der therapeutische und sozialintegrative Aspekt des Faches Musik auf der Grundlage des Modellversuches »Orchesterspiel im Klassenverband« an der Erich-Klausener-Schule in Herten

Vortrag zur Eröffnungsveranstaltung beim Musikkongreß der Universität Münster am 14. 5. 1993.

Gottfried Duhme

»Wir alle wissen um die therapeutische Kraft der Musik. Der Büchermarkt ist voll mit Neuerscheinungen zu diesem Thema. Aber der therapeutische und sozialintegrative Aspekt des Faches Musik wurde bisher kaum untersucht.

Und so stehe ich hier auch nicht als Fachwissenschaftler, sondern berichte über Erfahrungen aus dem Schulalltag, aus der Schulpraxis. Ich möchte Ihnen vom Musikunterricht einer Realschule berichten, in dem alle Kinder ein Orchesterinstrument spielen – und das mit gutem Erfolg und großer Begeisterung, von einem Musikunterricht, der alle Schüler so befähigt, daß sie nicht nur bei Schulfesten musizieren, sondern auch bei Stadtjubiläen und Kirchentagen, bei Geschäfts- und Ausstellungseröffnungen, auf Marktplätzen und in Kongreßhallen (...) und schließlich von einem Musikunterricht, der Schule und Schüler verändert, der die Lebensfreude der Kinder steigert, ihr soziales Handeln trainiert, ihr Gemeinschaftsgefühl entwickelt, der die Schüler psychisch stabilisiert, der Bestätigung und Anerkennung gibt, der Freizeitinteressen aktiviert, der eine neue Schulkultur eröffnet, der schließlich Freude an der Musik elementar erfahren läßt.

Ich spüre jetzt einige Skepsis hier im Saal und verstehe sie. Denn wenn man all diese Aussagen auf den Punkt bringt, tun sich für den Musikunterricht ja wirklich erstaunliche Perspektiven auf:

- Musik – das Lieblingsfach der Schule in allen Jahrgangsstufen?
- Alle Schülerinnen sollen musikalisch sein, so musikalisch, daß sie sogar ein anspruchsvolles Orchesterinstrument im Klassenorchester spielen können, und das mit Erfolg und Begeisterung?
- Sie alle sollen durch das Orchesterspiel im Unterricht ein neues Selbstwertgefühl und soziale Bestätigung erfahren?

Wirklich unglaubliche Aussagen zum Musikunterricht einer ganz normalen Realschule.

Und Sie fragen mit Recht nach den besonderen Bedingungen für einen solchen Unterricht:

Nun, am Anfang stand ein Ärgernis!

Der Musikunterricht knöcherte so dahin. Selbst die Schulfeiern als Höhepunkte des schulischen Lebens wurden instrumental gestaltet von den wenigen Schülern aus der Musikschule. Vom Musikunterricht selbst gingen keine Impulse für das Schulleben aus, keine Faszination für die Schüler.

Und das ärgerte mich.

Später kam dann eine junge Kollegin hinzu, die die schulische Chorarbeit aufbaute und zu beeindruckenden Leistungen führte. Das machte Mut, alle Kinder auch an das Instrumentalspiel heranzuführen (...).

Musik ist in allen Jahrgangsstufen zum beliebtesten Fach geworden. Und in einem 3jährigen Modellversuch der Bund-Länder-Kommission konnte nachgewiesen werden, daß neben anderen schulischen Einflüssen auch durch das Orchesterspiel im Klassenverband die Kinder soziale Stabilität, aktives Freizeitverhalten, gesteigerte Leistungsfähigkeit und ein positives Selbstwertgefühl gewinnen (...).

In diesem Zusammenhang erscheint es mir notwendig, auf den eigentlichen Erziehungsauftrag von Schule hinzuweisen, der auch und besonders den Musikunterricht einschließt. Hier hat die allgemeinbildende Schule deutlich andere Aufgaben als die Musikschule. Schule hat sich allen Schülern zu stellen und ihnen Lebenshilfe zu geben. Dabei geht es nicht mehr um den Bildungsnotstand der 60er Jahre, sondern vorrangig um den Abbau sozialer Defizite, die unsere Schulwirklichkeit bestimmen und die bereits erschrekkende Auswirkungen zeigen:

Zunahme an Verhaltensauffälligkeiten und Störungen, an Gewaltbereitschaft und Aggressionen gegen Personen und Sachen, an psychosomatischen Störungen, an Allergien aller Art, hyperaktive Kinder, Asthmatiker, übernervöse Kinder, Konzentrationsschwächen und Null-Bock-Mentalität, Gefahr des Drogenkonsums und seiner Abhängigkeiten bis hin zur Depression, Partnerunfähigkeit und Selbstzerstörungen.

Denn die Situation der Kinder und Jugendlichen in unserer Gesellschaft hat sich in den letzten Jahren grundlegend, ja dramatisch geändert. Ich nenne hier nur drei bedeutsame Veränderungen, auf die die Schule, auf die auch der Musikunterricht reagieren muß:

1. Zunahme des Anteils der Medien: 24 Stunden Fernsehprogramm. Der übermäßige Fernsehkonsum am Wochen-

ende führt zu Bewegungsstau, innerer Unruhe und Überreiztheit (...).
Walkman und Computerspiele bringen die Kinder immer mehr in Vereinzelung und Isolierung.
Deshalb brauchen Schüler vermehrt unterrichtliche Situationen, die motorisches Lernen, soziales Lernen, erfahrungsgebundenes Lernen ermöglichen.
Alles das aber ist im schulischen Orchesterspiel im Klassenverband in hohem Maße gegeben.

2. Wandel in den Familien: Es gibt immer mehr Scheidungsfamilien.
3. Kinder und Jugendliche erfahren sich im Elternhaus oft als »Projekt«. Nachdem die Eltern Berufskarriere und Hausbau erfolgreich hinter sich haben, muß nun auch das »Projekt« Kind gelingen. Die elterliche Liebe ist an Bedingungen geknüpft, das Kind muß schulisch »funktionieren«.

Jedes Kind aber braucht Akzeptanz ohne Vorbedingungen, einen Lebensraum, in dem es sich wohl fühlt und geborgen weiß. Im Orchesterspiel ist das Kind voll in die musizierende Gemeinschaft eingebunden. (...)

Erst dadurch wächst beim Kind die Bereitschaft, Ton für Ton zu gestalten, die Klangfülle des Instruments zu entdecken, seine Atemtechnik (seinen Lebensatem) zu verbessern, die eigenen Spannungen zu lösen, seine Stimmungslage zu steuern (so wie ich gestimmt bin, klingt der Ton; verändert sich

die Tonqualität, verändere ich mich), es lernt, sich sozial einzubinden, zuzuhören, sich zurückzunehmen, sich in einen gemeinsamen Rhythmus einzuschwingen, sich mutig in den Vordergrund zu stellen (beim Solospiel), Verantwortung zu übernehmen, auf Schwierigkeiten zuzugehen, sie mit Ausdauer zu bewältigen, die Spieltechnik/Feinmotorik zu verbessern, sein Gehör zu schulen, mit seinem Spiel Freude zu machen …

Insofern ist Orchesterspiel im Klassenverband immer auch therapeutischer, sozialintegrativer Unterricht.

Beim gemeinsamen Musizieren ist der Unterrichtsprozeß wichtiger als das Unterrichtsziel (hervorgehoben von E. S.). Der gemeinsame Weg hat seinen Wert in sich, ist Bestätigung und Erfüllung der pädagogischen Arbeit. Die gelungene musikalische Aufführung ist zusätzlich erfreuliches Ereignis, nicht aber das eigentliche Ziel. Das Wichtigste bleibt das gemeinsame musikalische Tun im Unterricht.

Und das alles ist wichtig:

das Zuhören,
das gemeinsame Lachen,
das Einzelspiel,
das Spiel in der Gruppe,
das Fehler machen,
das Vorspielen,
das Lauschen auf einen verklingenden Ton,
die Stille,
der verrückte Rhythmus,
der wilde Klang,
das fröhliche Zusammenspiel,
das Erlebnis des musikalischen Einsseins,
das gemeinsame Werk,
die Freude am Klang …

So, wird das gemeinsame Orchesterspiel im Unterricht für Schüler und Lehrer zu einer sinnerfüllten, lebenswerten Zeit und zu einer beglückenden Erfahrung.«

Dieser Bericht läßt »pädagogischen Eros« deutlich werden – dies auch in der Fähigkeit, die Schüler zu begeistern.

Ich glaube, daß die Schüler im ersten Schritt für »ihren« Rektor sich für das Instrumentalspiel begeisterten und im zweiten Schritt dann über das Instrumentalspiel die dargestellte Begeisterung sich selbst verstärkend einstellte.

Mehr über solche Begegnungs- und Erlebensweisen im nächsten Kapitel.

VII
Vom Spielen, Eros und Bindungstrieb – Momente gegen Gewalt

»Die Schicksalsfrage der Menschenart scheint mir zu sein, ob und in welchem Maße es ihrer Kulturentwicklung gelingen wird, der Störung des Zusammenlebens durch den menschlichen Aggressions- und Selbstvernichtungstrieb Herr zu werden. In diesem Bezug verdient vielleicht gerade die gegenwärtige Zeit ein besonderes Interesse. Die Menschen haben es jetzt in der Beherrschung der Naturkräfte so weit gebracht, daß sie es mit deren Hilfe leicht haben, einander bis auf den letzten Mann auszurotten. Sie wissen das, daher ein gut Stück ihrer gegenwärtigen Unruhe, ihres Unglücks, ihrer Angststimmung. Und nun ist zu erwarten, daß die andere der beiden ›himmlischen Mächte‹, der ewige Eros, eine Anstrengung machen wird, um sich im Kampf mit seinem ebenso unsterblichen Gegner zu behaupten. Aber wer kann den Erfolg und Ausgang voraussehen?«

Sigmund Freud

Als ich im Rundfunk von den brennenden Asylbewerberunterkünften in Rostock hörte, hatte ich vor meinem inneren Auge die Höllenszenen aus den apokalyptischen Bildern von Hieronymus Bosch: Gepeinigte Menschen, brennende Häuser, Verwüstungen …

Ich weiß nicht, ob die Bilder, die ich dann in der Zeitung sah, mich noch mehr erschreckten.

Peter S. Beagle spricht von dem Schock, den Hieronymus

Boschs Bilder erzeugten. Dieser Schock läge jedoch nicht so sehr in dem, *was* er malte, »sondern in dessen unheimlicher, unmöglicher Vertrautheit«.

Hieronymus Bosch (1450–1516) malte in einer Zeit, in der die Menschen tief verunsichert waren, angesichts des Bösen in der Welt noch erlöst werden zu können. Eine Weltordnung war im Begriff, sich aufzulösen. Die irdische Hierarchie als unvollkommene Nachahmung der himmlischen zeigte sich als korrupt und zutiefst verderbt. Bischöfe und Fürsten als Lehensleute Gottes hatten in ihrer Vorbildfunktion versagt. Hinzu kamen die Kirchenspaltung sowie die Erfahrungen mit der Pest im vorausgegangenen Jahrhundert. In dieser allgemeinen Verunsicherung und Verängstigung wurde über die Hexenverfolgung das Böse gesucht und geortet – und verbrannt. Doch indem die Menschen das Böse verbrennen wollten, schufen sie selbst die Hölle immer wieder neu. Das wußte auch schon Hieronymus Bosch. In seinen aufsässigen Gestaltungen aus der Welt der Träume und Alpträume konnte er dies seinen Zeitgenossen durchaus plausibel machen. Der geistliche Berater von Philip II. (1527–98) Fray Jose de Sigüenza bezeichnete Hieronymus Bosch als jemanden, der »die Kühnheit besaß, sie (die Menschen) abzubilden, wie sie innerlich sind«. Hieronymus Bosch war so gesehen auch ein Aufklärer in einer Zeit, in der man aus Angst heraus meinte, über Hexenverbrennungen das Böse aus der Welt schaffen zu können.

Hieronymus Bosch war am Menschen nahe dran. Im Grunde vermitteln seine Bilder genau das von der verdrängten, verleugneten und anderweitig abgewehrten Triebnatur des Menschen, was Sigmund Freud vierhundert Jahre später in seinen theoretischen Schriften aufzeigte. Deren Grundlegung war die Auseinandersetzung Freuds mit dem Traum.

Hieronymus Bosch zeigt in seinen Bildern die Menschen ohne schützenden Panzer verdrängender und verleugnender Abwehr. Er zeigt sie so, wie es in ihnen gefährlich kocht und brodelt.

»Das Verbrennen der Körper der Hexen war die wahnhafte Konsequenz des Versuches, den zerfallenen kulturellen und gesellschaftlichen Ordnungssystemen dadurch wieder Geltung zu verschaffen, daß die Wohnungen der Freiheit vernichtet wurden«, so Alfred Lorenzer in »Intimität und soziales Leid, Archäologie der Psychoanalyse«. Die Wohnungen der Freiheit waren im Mittelalter die »Wohnungen des Teufels«, nämlich des sexuellen Begehrens in Form verbotener und daher oft selbstverborgener Impulse.

Hieronymus Bosch war ein »Forscher, ein Abenteurer im Geist« (Beagle), der die abgewehrten Ängste seiner Zeit aufgreifen und vermöge seiner Phantasie, seiner produktiven Einbildungskraft über seine Kunst sichtbar darstellen konnte.

Hierbei geschah nun gleich zweierlei:

1. Indem er, um eine Hegelsche Wendung zu gebrauchen, über seine Kunst »den Menschen vor sich selbst brachte«, erwies sich seine Phantasie als vermögend, etwas sehr Wesentliches zu erkennen, nämlich eine Hexe in *jedem* Menschen. Diese Erkenntnis konnte dann nur über seine Kunst für andere mitteilbar und aushaltbar werden.
2. Die Ängste seiner Zeit waren natürlich auch seine eigenen Ängste. Das bloße Erleiden der Ängste, das zum zerstörerischen Durchbruch gewalttätiger Impulse – wie z. B. der Hexenverbrennung – disponiert, wurde im konstruktiven Gestalten gut aufgehoben. Gemeint ist damit wieder die Wandlung vom leidenden Objekt zum gestaltenden Subjekt.

Schritt eins und zwei bedeuten eine schöpferische Aufsässigkeit gegen Gewalt vermöge der produktiven Einbildungskraft. Oder verkürzt: Phantasie ist erforderlich, um innere Spannungszustände produktiv umsetzen zu können und nicht nur abzureagieren. Wir finden hier das gleiche Moment wieder, das meinen Patienten Hieronymus B. davor bewahrt hat, in die Katastrophe abzustürzen (s. Kap. II).

Hieronymus Bosch geriet nach seinem Tode in Vergessenheit und ist erst mit Beginn dieses Jahrhunderts neuentdeckt worden. Peter S. Beagle vermutet, daß die Krise in der Zeit Boschs viel mit den Zweifeln dieses Jahrhunderts gemeinsam hat.

Müssen deswegen wieder, um das Böse aus der Welt zu verbannen, Hexen gesucht und verbrannt werden?

Als ich die Nachrichten zu den brennenden Asylbewerberunterkünften hörte und mir Hieronymus Boschs Bilder durch den Kopf gingen, erinnerte ich mich an »meine Straße«, in der ich zwischen meinem vierten und zehnten Lebensjahr groß geworden war. In dieser Straße war ich mit meiner Familie Ende 1946 nach zweijähriger Irrfahrt angekommen.

Vorgängig waren tief eingegrabene Ohnmachtserlebnisse zum Ende des Krieges und während der Flucht. »Meine Straße« vermittelte mir dann erstmals auch Sicherheit.

Freunde hatte ich zunächst in »meiner Straße« nicht.

Man beäugte mich eher skeptisch bis feindselig wegen meiner gelegentlich merkwürdigen Mundart und Kleidung.

Im Spielen, im Raufen vollzog sich dann jedoch die Wandlung vom Außenseiter und Feind zum, na ja, Kumpel zumindest, später auch zum Freund.

Mit vollbesetzten Leiterwagen – einer saß vorne und lenkte die Deichsel mit den Beinen, vier saßen drin, sechs schoben – die holperige Kopfsteinpflasterstraße rauf und runter »gedonnert«, welch Vergnügen! Daß ich, meinem sozialen Status gemäß, ständig zu den »Schiebern« gehörte, in einer symbolischen Weise immer noch Außenseiter war, störte mich nicht. Die Kraftentfaltung zu sechst, über die das vollbesetzte Ungetüm von Leiterwagen bewegt werden konnte und die brav ihren Vorgarten harkenden Bürgersleute gelegentlich den Kopf schütteln ließ, stellte offensichtlich ein wesentliches, lustvolles Moment dar.

Allerdings, nur friedlich liefen diese fabelhaften Spiele auch nicht ab. Blutige Nasen und »blaue Augen« gab es schon, und zwar auf beiden Seiten. Es war sehr häufig eben auch ein Raufen.

Reviere mußten verteidigt und Kämpfe ausgefochten werden. Aber all dies pendelte sich immer wieder in ein fair play ein. Dessen Grundregeln wurden zumeist von allen eingehalten.

Zurückblickend hatte dieses Spielen noch viel Ähnlichkeit mit eben solch einem, wie es Mark Twain in seinen Geschichten um Huckleberry Finn und Tom Sawyer lebendig werden läßt. Und es zeigte sich bei aller Rauferei auch ein sensus communis. Spätestens als einer von uns »Helden« in den parallel zu unserer Straße verlaufenden Kanal gefallen war – und nur mit Mühe und Not von den Erwachsenen gerettet werden konnte – wurde dies sehr deutlich.

Worin unterschied sich nun dieses Spielen von dem Spielen, was heute noch möglich ist?

Nun, es gab zumindest genügend Platz draußen, Freiräume, Rückzugsmöglichkeiten für alle, die in unserer Straße mit ihren großen Bäumen wohnten. Gärten, Wiesen waren nicht weit. Sogar rumpelige Hinterhöfe zum Spielen gab's. Da waren auch noch keine lebensbedrohlichen Einschränkungen durch den Straßenverkehr, und es gab keine Erwachsenen, die mit Leistungserwartungen und Regeln unser Spielen beeinflussen wollten. Das einzige, was man hören konnte, waren die abendlichen lauten Rufe der Eltern:

»Reinkommen...!«*

Willkommen waren die Flüchtlinge in der von Bombenangriffen verschonten Stadt nicht. In den Zweifamilienhäusern »unserer Straße« mußten nach dem Kriege – zwangsweise über das Wohnungsamt – vier bis fünf Familien jeweils untergebracht werden.

»Das Wohnungsamt« – noch heute klingt der drohende

---

* Meine Patientin Regine (s. Kap. IV) kannte ein solches Spielen auch noch und erinnerte es als »das Paradies«, aus dem sie allerdings immer wieder vertrieben wurde. Die Schilder davor mit dem »Eintritt für Mädchen verboten« waren schließlich als Introjekte in ihr selbst wirksam geworden.

Für meinen Patienten Hieronymus B. war ein solches Spielen der letzte Freiraum gegen den Terror des Vaters. Allerdings hatte er keine Freunde, mit denen er im Sinne des fair play hätte »raufen« können, um seinen sensus communis weiter zu entwickeln.

Unterton bei dieser Erwachsenen-Vokabel in meinen Ohren. Trotzdem war ein sensus communis unter uns Kindern möglich.

Warum war dies möglich?

Was passierte bei eben diesem Spielen?

Die Antwort, die uns die moderne, beobachtende Säuglingsforschung geben kann, ist verhältnismäßig kurz und plausibel.*

Zur Entfaltung kommt bei diesem Spielen der angeborene Bindungstrieb, der – wortwörtlich – vom ersten Augenblick an im Menschen-Kind innewohnt. Jeder Säugling stellt aktiv durch Gesten, Gesichtsausdruck, Blickkontakt und Laute Beziehungen zu seinen Eltern oder anderweitigen Pflegepersonen her, auf welche diese – oft ohne es zu merken – antworten.

Dieses Bindungsstreben schließt stets – zumindest symbolisch – ein Herantreten an das Du, also ein aggredi mit ein. Das heißt, daß im Bindungsstreben der Aggressionstrieb – wenigstens teilweise – gut aufgehoben ist.

Das Spielen zwischen Mutter und Säugling bzw. Kleinkind sowie das sexuelle Liebesspiel eines Paares (aber nicht der sexuelle Akt selbst, so bereits J. Huizinga) vermitteln sozusagen in Reinkultur das Ineinanderfallen von Spielen und Bindungsstreben.

Beigemengt ist jedem Spielen weiter noch – in unterschiedlichen Mischungsverhältnissen – die Erkundungs- oder Explorationslust. Hier ist der ebenfalls angeborene Explorationstrieb wirksam. In diesem ist ebenso ein aggredi, ein Herantreten an die Welt, gut aufgehoben.

---

* Übersichtsliteratur hierzu siehe Bräutigam und Palmowski im Literaturverzeichnis.

Bindungstrieb und Explorationstrieb ermöglichen das, was Kant schon als das Entscheidende am sensus communis beschrieb: das Sich-hinein-versetzen-Können in den Standpunkt eines jeweils anderen. Damit Bindungstrieb und Explorationstrieb sich entfalten können, bedürfen sie der äußeren Freiräume des Spielens. Diese wiederum brauchen die inneren Freiräume der Phantasie.

Das Wissen um Bindungs-und Explorationstrieb, das durch die unmittelbaren Beobachtungen an Säuglingen und Kleinkindern gewonnen wurde, steht im Widerspruch zu einigen Annahmen Freuds.

Dieser vermutete ein Auf-sich-selbst-bezogen-Sein (primärer Narzißmus) als Grundform frühkindlicher Existenz.

Unbeschadet dessen können wir die Erkenntnisse aus der Säuglingsbeobachtung schon als Korrektive und Ergänzungen in das Gedankengebäude der Psychoanalyse einfügen.*

Gerade der »ewige Eros«, den Freud als »himmlische Macht« beschwört, die die Kulturentwicklung der Menschenart günstig beeinflussen möge (siehe Zitat Seite 98), könnte im Bindungstrieb über das Spielen im Sinne von play

* Im übrigen verdanken wir Freud einen ganz wesentlichen Impuls: Das Interesse an der kindlichen Existenz. Freud selbst hat Grundpositionen seiner Theorie im Laufe seines langen Forscherlebens immer wieder neu ausformuliert.

und fair play seine Konkretisierung finden. Allerdings wird eben dies durch die gegenwartstypische zu frühe Konkurrenz, Wettbewerbs- und Leistungsmentalität verhindert.

Hierzu paßt dann auch eine dpa-/ap-Meldung, die in den bundesdeutschen Zeitungen am 12. 1. 94 erschien: »Jugendliche auf dem Ego-Trip« hieß es da in der Neuen Osnabrükker Zeitung oder »Jugendliche in der Freizeit voll gestreßt« in dem Kölner Stadtanzeiger. Weiter hieß es dann in der Meldung: »Viele Jugendliche in Deutschland fühlen sich auch in der Freizeit ›voll gestreßt‹. Sie werden aggressiv, wenn sie nicht in Ruhe gelassen werden. Das ergab eine Repräsentativumfrage des Hamburger BAT-Freizeit-Forschungsinstituts unter 2600 Personen zwischen 14 und 19 Jahren über Streßsituationen in der Freizeit. Lediglich die Dauerberieselung mit Musik ist für sie kaum Anlaß zu Aufregung und Ärger. ›Null-Bock‹ auf Familientreffen und Verwandtenbesuche hat ein Drittel der Jugendlichen. Auf andere Rücksicht nehmen zu müssen ist dem Nachwuchs offenbar ein Graus. Mehr als die Hälfte der Befragten reagieren auf Ansprüche dieser Art wütend und aggressiv. ›Die Jugendlichen sind auf dem Ego-Trip, in der Freizeit soll ihnen niemand reinreden‹, sagt der Institutssprecher Rainer Stubenvoll. Sie hätten – wie die Erwachsenen auch – zunehmend das Gefühl, daß ihnen die Zeit davonlaufe ...«

Nie zu befriedigender Erlebnishunger und aggressiver Egoismus gehören als Gegenwartssymptome zusammen.

Hier zeigt sich wiederum eine Schnittstelle von Sucht und Gewalt.*

Aber nur die Diagnose zu stellen verändert wenig. Es geht um eine Kampagne für das Spielen – im Sinne von play und fair play – und die Phantasie als Chance für Eros und Bindungstrieb. Es geht um Aufsässigkeit gegen das Plattwalzen und Unterpflügen der Freiräume hierfür.

»Es gilt, die Phantasie zu rehabilitieren und ihr einen gleichrangigen Platz neben dem Denken zu erkämpfen. Das geht nicht anders, als daß die Erwachsenen ihre eigenen – längst verschütteten oder verborgenen – Phantasien zunächst wieder freilegen.

Dies kann am wirksamsten dadurch geschehen, daß die Erwachsenen sich auf die Phantasien der Kinder einlassen, in sie hineintauchen und ihre eigenen Phantasien von denen der Kinder anzünden lassen.« (Reinhard Fatke, »Heilende und erziehende Kräfte in der kindlichen Phantasie«). Die eigenen Phantasien *anzünden lassen*, als eine Phantasie, die »ihres Feuers nicht beraubt ist«, wirksam werden zu lassen, dazu bedürfte es »einer totalen Revolution in (der) ganzen Empfindungsweise«. (Schiller)

Die Rehabilitation der Phantasie meint Provokation, Aufsässigkeit und Anstiftung, meint tatsächlich Revolution im Schillerschen Sinne – vor allem gegen das »Plattwalzen« der Phantasie. Um solche Pro-Vokationen geht es nun in den nächsten Kapiteln.

* Siehe auch »Der entfremdete Hunger, Weltzerstörende Unersättlichkeit als verzweifelte Suche nach Sinn und Geborgenheit«; Basel/Ebertswalde 1990.

VIII
Ästhetische Brandstiftungen – Eine Pro-Vokation

»Es ist die Aufgabe der Kunst sich vorzustellen, daß alles auch ganz anders sein könnte.«

Hans Georg Pott

Mit einer vielbeachteten Ausstellung unter dem Titel »Ästhetische Brandstiftungen« hat Alexander Pey von November 92 bis Januar 93 im Kardinal-von-Galen-Haus in Stapelfeld als agent provocateur (»Lockvogel«) einer schöpferischen Aufsässigkeit gewirkt.

Meine im folgenden Text leicht gekürzt wiedergegebene Einführungsrede war gleichsinnig gemeint:

Wer von Brandstiftungen spricht in diesen Tagen und Wochen, kommt – zunächst – an Rostock und Sachsenhausen nicht vorbei. Bürger und Biedermann *lassen* brennen. Wieder einmal. Immer wieder.

Warum? Kahlgeschorene Schädel und Kampfstiefel – so

Biedermanns Freude – gegen Kot und Kakerlaken. Deutsches Reinheitsgebot gegen Überfremdung. Das klingt fast nach Hygiene.

Fremdes wird als Schmutz identifiziert, der beseitigt werden muß: Brenne, kleine Kakerlake, brenne! Drehen Sie das Bild auf der Einladung zu der Ausstellung auf den Kopf, und Sie sehen die kleine Kakerlake, brennend.*

Alexander Pey hatte unter dem Motto »Kunst raus« von April bis Oktober dieses Jahres 14 große Bilder in Mülheim draußen auf der Straße stehen. Kunst verbarg sich nicht mehr hinter schützenden Museumsmauern, sondern drängte auf die Straße, drängte ins Bewußtsein. Auch hier wieder bürgerliches Erschrecken vor dem Ungewohnten, dem Fremden – und wiederum verbale bürgerliche Brandstiftung: Wohlwollende Hinweise an den Künstler zur Gnade seiner späten Geburt – vor 50 Jahren hätte man ihn samt seiner Bilder verbrennen dürfen.

Dies alles aber ist bekannt. Warum darüber noch reden?

Vielleicht, damit die Differenz deutlich wird, wo Bürgers Sinn sich nicht empört – z. B. über die 10000 Verkehrstoten und mehreren 100000 Verletzten und Verstümmelten im Jahr. Bürgerkrieg auf deutschen Straßen.

Auch die damit verbundenen Kosten werden nicht hochgerechnet. Keiner spricht ernsthaft von einer Einschränkung des ersten ungeschriebenen Artikels des Grundgesetzes, nämlich: »Freie Fahrt für freie Bürger.«

September 92, Busunglück auf der Autobahn, 30 Tote, zerfetzte Körper auf der Fahrbahn. Die Kunde spricht sich schnell herum. Autofahrer halten zu Hunderten auf den Ne-

* Bild siehe Seite 11.

benstrecken und Wiesen – und glotzen. Ein Würstchenverkäufer macht sein Geschäft. Die Affekte sind fernsehgerecht moderat mit Konsum und Genuß durchaus verträglich.

Nicht das Geschehen allein, die Affekt-*Differenz* läßt aufmerken: Empörung in Mülheim, Gruselgenuß an der Autobahn.

Und noch ein letztes Beispiel: Als vor 25 Jahren Biedermanns und Biederfraus Kaufhäuser zu brennen anfingen, war ein ungeheures Polizeigaufgebot ad hoc mobilisierbar, als die Asylbewerber-Unterkünfte brannten, offensichtlich nicht.

Wer aber sind eigentlich Biedermann und Biederfrau? mögen Sie fragen.

»Und in hundert Jahren, dann spielen sie noch. Spielen sie immer noch Skat mit blanken *biederen* Gesichtern.« So beschreibt Wolfgang Borchert die Biedermänner in seinem bekannten Werk »Draußen vor der Tür«.

Die Zeit geht vorbei, und sie verdrängen und verleugnen, wehren innere und äußere Wahrnehmung ab mit aller Kraft, immer noch und immer mehr.

Verdrängung ist immer noch die erste Bürgerpflicht in diesem Staat.

Aber, das Verdrängte kehrt zurück – mit Macht!

Es zeigt sich dann in der Verkleidung, die genehm ist: Nicht die Nazigrößen wurden mit Eifer in unserem Staat gejagt, sondern die Stasikollaborateure.

Der Kommentator der Nürnberger Rassengesetze, Dr.

Hans Globke, konnte von Adenauer bei vollem Wissen um die Vorgeschichte zum Leiter der Staatskanzlei gemacht werden. Ein fiktiver Kommentator des Schießbefehls wäre wohl kaum nach der Wende zu solchen Ehren gelangt.

Warum müssen wir so viel verdrängen oder anderweitig aus unserem Bewußtsein entfernen, abwehren, diesen permanent verzweifelten Kampf gegen ein Bewußtsein von einem Teil unseres Selbst führen? Abwehr geschieht aus unerträglichen Gefühlen der Angst, der Scham und der Schuld.

Wir ängstigen uns: weil es keinen tragenden Sinn-Grund mehr gibt. Weder Vernunft noch Wissenschaft und Technik können trösten. Eher wissen wir um das Gegenteil. Dennoch versuchen wir es noch einmal, zur Zeit mit Prothesen wie »high tech« und »Leistung«.

Das Unaushaltbare an der deutschen Geschichte seit Auschwitz ist immer noch nicht an irgendeiner Stelle gut aufgehoben, vielleicht später einmal, wenn Geschichte in einen Kontext von Geschichten und Bildern aufgelöst worden ist, die individuell zugänglich und aushaltbar sind. Zur Zeit müssen wir jedoch immer noch abwehren, tun dies aber auch mit Lust – in Form der Verschiebung –, seitdem wir die Stasi jagen dürfen.

Jeden Abend mit der Tagesschau explodieren unabweisbar die Katastrophen in unser Bewußtsein, die Bedrohtheit unseres Planeten, militärisch oder durch zivile Umweltzerstörung. Nichts geschieht mehr in der fernen Türkei, sondern unmittelbar vor uns. Um dies auszuhalten, wird der Affekt von dem Ereignis getrennt, wird runtergeschluckt, gefressen, gesoffen, tablettiert. Die Realität des Bürgerkrieges auf der Autobahn wird fernsehgerecht moderiert und konsumiert, und Fernsehen wird affektenleert zum Schattenspiel. Und am Ende aller dieser Abwehr sind wir uns selbst gegenüber fremder noch als der Asylbewerber, der vor uns steht.

No future, nach Abdankung des vermeintlich real existierenden Sozialismus gibt es noch nicht mal mehr einen Anspruch auf eine Utopie, einen Traum von einer besseren Welt.

Zwar will uns die letzte IBM-Studie zur Lage der Jugend weismachen, daß das Thema no future »out« sei. Aber gleichzeitig bestätigt sie jedoch zunehmenden Rechtsradikalismus, Egoismus und Drogenkonsum unter den Jugendlichen.

Politisch Trunkene und soziale Analphabeten als Zukunftsträger? Noch läuft das Geschäft, aber unser Planet als Konsumgut ist bereits abgewirtschaftet, eine ungeschminkte Bilanz würde uns erstarren lassen – sofern wir nicht schon längst erstarrt sind und dies bloß nicht merken.

Die letzten kapitalistischen Geschäftemacher kümmern sich einen Scheißdreck um ihre Enkel und machen uns mit ihrer Propaganda noch ganz besoffen.

Das klappt so vorzüglich, weil diese Propaganda zur Steigerung des Umsatzes und Verbrauchs gleichsinnig mit unserer Abwehr wirkt. Und die Menschen, die spüren, daß vieles nicht mehr stimmt, die krank werden an Leib und Seele, weil sie in ihrer Abwehr überfordert sind und die Widersinnigkeit von Propaganda und Konsum sich in ihrer Freß-Brechkrankheit, zum Beispiel, widerspiegelt, die kommen zum Arzt, er möge sie wieder funktionstüchtig für den Planetenschlußverkauf machen.

Ein Patient sagte mir sinngemäß: »Es ist unheimlich schwer, all den Schrecken wahrzunehmen, auszuhalten und dahinter noch einen Grund zur Hoffnung zu sehen.«

Und darum geht's für uns alle: die Schrecken wahrzunehmen, nicht zu erstarren, nicht abzuwehren und dennoch einen Grund der Hoffnung zu suchen.

Ernst Bloch spricht von docta spes, belehrter, erfahrener Hoffnung. Er meint eine Hoffnung, die sich von der Illusion unterscheidet. Diese ist aber an die Wahrnehmung dessen gebunden, was ist und was *wirk-lich* und uns zu eigen ist. Dies weist auf erfahrbare Gestaltbarkeit von Welt, nicht Machbarkeit.

Dazu bedarf es aber – mit einer Schillerschen Wendung – einer totalen Revolution in der ganzen Empfindungsweise des Menschen. Eine totale Revolution für den Menschen, der Würstchen kauend neben der Autobahn der Bergung von Leichenteilen zuschaut, ist gerade noch angemessen.

Eine solche Revolution ist aber *nicht* mit den Surrogaten der Postmoderne wie »high tech« und »giga byte« zu erreichen, wodurch der Unterschied zwischen Mensch und Maschine in einer Reduktion beider auf bloße Zeichengeber und Zeichenempfänger dann gänzlich verwischt wird. So nicht.

Es bedarf – und hier riskiere ich bewußt zunächst ein Mißverständnis – einer brennenden Phantasie, die nicht ihrer Kraft und ihres Feuers beraubt ist. Gemeint ist dies in Hinsicht auf Schiller, Huizinga und Winnicott.

So stellen die Bilder dieser Ausstellung eine Herausforderung an Ihre Phantasie dar, den Schrecken wahrzunehmen und dahinter den Grund zur Hoffnung zu suchen.

Denken wir an unseren Autobahnzuschauer, er bedarf der Phantasie, die in der Zeit der Aufklärung auch noch produktive Einbildungskraft hieß, um – jenseits der »show« –, das Entsetzen und Leid der Opfer, der Angehörigen und der Helfer *in sich* wahrzunehmen. Es bedarf einer aufsässigen Phantasie, um Alternativen zu dem, was immer wieder geschieht, mit Macht anzufordern.

Denken wir an unseren Brände werfenden Rechtsradikalen: Es bedarf der Aufsässigkeit schon, und zwar in Form einer aufsässigen Phantasie, um eine Zukunft jenseits von Parolen, Rausch und Konsum zu suchen. Es bedarf der Phantasie, um die Angst zu überwinden, deren bloße Verdrängung und Abwehr zur Fremdheit gegenüber sich selbst führt.* Dann erst wird am Fremden durch die Fremdheit hindurch das menschliche Antlitz für ihn erkennbar werden.

Wie aber die Phantasie, die Einbildungskraft so aufsässig, so mächtig, so brennend werden lassen? Sie ist heute doch zumeist kolonialisiert durch eine fremde, mediatisierte Bilderwelt. Unsere sogenannten Medien vermitteln aber keine Wahrheiten mehr, denn sie machen blind und gefühllos dem gegenüber, was sie zeigen. Damit wir aber irgend etwas noch fühlen, knabbern wir Chips oder Würstchen. Auch walzen die Medienbilder die *eigenen* Bilder platt. Ohne Medien zeigt sich zum Schluß innerlich nur noch eine flimmernde Mattscheibe. Wir geraten in Abhängigkeit von den Medien, damit innerlich überhaupt noch etwas da ist. So wie die in Freiheit gesetzten Kolonien der ehemaligen Herren bedür-

---

* Die »brennende Phantasie« eines größenwahnsinnigen »homo creator« (Günther Anders) kann freilich auch eine »Schöne neue Welt« (Aldous Huxley) entwerfen. Im Schillerschen Sinn ist die ethische Fragestellung jedoch immer schon mitbedacht.

fen, um nicht total zu verrecken. Die Herren verdienen aber immer noch sehr gut daran.

In den »Ästhetischen Brandstiftungen« können die Bilder als Gegengift zur Innenweltzerstörung durch mediatisierte Bilder verstanden werden. Diese Bilder wollen die *Produktion eigener innerer Bilder* anstiften! Ihr Ziel ist die Anstiftung eines inneren Prozesses. Der antike Begriff aisthesis, von dem sich Ästhetik herleitet, bedeutete zunächst sinnliche Erfahrung und Wahrnehmung. In der auch späteren Begriffsverwendung ist auch das Denken eingeschlossen. Hermann Hesse hat in seinem Demian diesen Zusammenhang überzeugend dargestellt:

»Er strich ein Zündholz an und setzte in dem Kamin, vor dem er lag, Papier und Scheite in Brand. Die Flamme stieg hoch, er schürte und speiste das Feuer mit ausgesuchter Umsicht. Ich legte mich zu ihm auf den zerschlissenen Teppich. Er starrte ins Feuer, das auch mich anzog, und wir lagen schweigend wohl eine Stunde lang auf dem Bauch vor dem flakkernden Holzfeuer, sahen es flammen und brausen, einsinken und sich krümmen, verflackern und zucken und endlich in stiller, versunkener Glut am Boden brüten. (...) Mit starren Augen hing ich an dem Feuer, versank in Traum und Stille, sah Gestalten im Rauch und Bilder in der Asche. Einmal schrak ich auf. Mein Genosse warf ein Stückchen Harz in die Glut, eine kleine schlanke Flamme schoß empor, ich sah in ihr den Vogel mit dem gelben Sperberkopf. In der hinsterbenden Kaminglut liefen goldig glühende Fäden zu Netzen zusammen, Buchstaben und Bilder erschienen, Erinnerungen an Gesichter, an Tiere, an Pflanzen, an Würmer und Schlangen.

(...) Das Schauen ins Feuer hatte mir gutgetan, es hatte Neigungen in mir gekräftigt und bestätigt, die ich immer gehabt, doch nie eigentlich gepflegt hatte. (...)

Schon als kleines Kind hatte ich eh und je den Hang gehabt, bizarre Formen der Natur anzuschauen, nicht beobachtend, sondern ihrem eigenen Zauber, ihrer krausen, tiefen Sprache hingegeben. Lange, verholzte Baumwurzeln, farbige Adern im Gestein, Flecken von Öl, das auf Wasser schwimmt, Sprünge im Glas – alle ähnlichen Dinge hatten zuzeiten großen Zauber für mich gehabt, vor allem auch das Wasser und das Feuer, der Rauch, die Wolken, der Staub und ganz besonders die kreisenden Farbflecke, die ich sah, wenn ich die Augen schloß. Ich merkte, daß ich eine gewisse Stärkung und Freude, eine Steigerung meines Gefühls von mir selbst, die ich seither spürte, lediglich dem langen Starren ins offene Feuer verdankte. Es war merkwürdig wohltuend und bereichernd, das zu tun!«

Bei diesem Hesse-Text handelt es sich um eine ästhetische Brandstiftung zu eigenen Bildern im doppelten Sinne des Wortes. Vom Eindruck über die inneren Gestalten zum – in diesem Falle sprachlichen – eigenen Ausdruck. Das Entscheidende ist der eigene, nicht durch Kolonialherren bestimmte Ausdruck. Und so mag es denn auch kein Zufall sein, daß Horst Krüger als Rezensent dem »Demian« eine klare Botschaft entnimmt: »Glaube nicht an den Mächtigen dieser Welt. Der Bürger lügt.« Letzteres meint in unserem Kontext: Der Bürger verdrängt und will es nicht wissen. Er vertraut dem Chor der politischen Feuerwehrmänner. Wie energisch und glaubhaft fordern sie doch die Bekämpfung des Brandes von rechts! Also kann man schweigend sich fügen.

Bei der Gestaltung des eigenen Ausdrucks handelt es sich aber um einen dialogischen Prozeß, um ein Oszillieren zwischen Eindruck und Ausdruck, in deren Mitte die Gestaltung steht.

Das hört sich sehr gelehrt an, beschreibt aber nichts anderes als eine – ich muß jetzt sagen *noch* – mögliche menschliche Elementarerfahrung, nämlich die des Spielens.

Deswegen stimmt immer noch Schillers berühmter Satz aus seinem 15. Brief zur ästhetischen Erziehung: »Der Mensch spielt nur, wo er in voller Bedeutung des Wortes Mensch ist, und er ist nur da ganz Mensch, wo er spielt.*

Das Spielen ermöglicht Wahrnehmung und gestaltenden Ausdruck ohne Zwang. Das Spielen bedarf aber eines Freiraumes. Dieser droht jedoch zunehmend kolonialisiert zu werden.

Ein Spielen, in dem sich eine brennende Phantasie entfalten kann, kommt mit geringen Mitteln aus, ist Profitinteressen nicht unterworfen. Diese brauchen aber statt der brennenden Phantasie ein schwarzes Loch, in das Konsumprodukte geschaufelt werden können. Eine brennende Phantasie ist so gesehen verfassungsschutzverdächtig. Sie ist systemverändernd, revolutionär und umstürzlerisch, sie bedarf noch nicht einmal brennender Kaufhäuser, um ihre Aufsässigkeit deutlich werden zu lassen.

Eine brennende Phantasie aus der Erfahrung des Spielens heraus ist aufsässig, muß jedoch keinen neuen Schrecken produzieren. Im Gegenteil. Nur sie kann einen Grund zur Hoffnung so aufleuchten lassen, daß Schrecken aushaltbar werden und der Teufelskreis von Schrecken und Abwehr, der neue Schrecken produziert, unterbrochen werden kann.

Alexander Peys Bilder aus der Werkgruppe »Ästhetische Brandstiftungen« sind eine persönliche Einladung an Sie zum Abenteuern. Zum Abenteuern in der Phantasie. Seine Bilder sind kein gefälliges Dekor, das sich zur neuen Leder-

---

* Siehe auch Anhang: Freiheit und Nötigung.

garnitur passend fügt. Wenn Sie die Aschearbeiten, die mit Beginn des letzten Jahres entstanden sind, ansehen, dann sind Sie eingeladen, die inneren Bilder zu den Schrecken des Krieges neben die Eindrücke und Erinnerungen vom Lager- und Kartoffelfeuer, das Sie vielleicht noch kennen, zu stellen. Eine nahezu unerträgliche Spannung mag die Folge sein, aber sie vermittelt vielleicht eine Ahnung von dem, was an produktiver Kraft erforderlich ist, um der Destruktion von Rostock schöpferische und nonkonsumatorische Prozesse entgegenwirken zu lassen.

Das Unsichtbare sichtbar machen, über die Zwiesprache mit dem Bild eine *innere* prozeßhafte Zwiesprache anregen, so über eine brennende Phantasie, eine Einbildungskraft, die ihres Feuers nicht beraubt ist, zur Utopie kommen, sind die Absichten der »Ästhetischen Brandstiftungen«.

In ihrer plastischen Schichtung und in der Verwendung organischer Materialien erinnern die Bilder zuweilen an ein verschüttetes Pompeji, ein versunkenes Atlantis, eine schon mal mögliche Utopie, die es wieder zu suchen gilt.

Die Bilder von Alexander Pey fordern ihre Zeit ein, um dann das meditative Moment in die Aufsässigkeiten umschlagen zu lassen. Wenn seine Bilder Sie in den Bann schlagen, dann eben deswegen, weil es keine gefügigen Bilder sind, die Sie als Dekor zum finalen Kunstgenuß erwerben können. Aber wenn sie sich an seine Bilder heranmachen, ganz nahe, vielleicht einmal mit den Fingern über die

Aschebilder rübergleiten, dann bekommen Sie vielleicht Brandblasen an den Fingern.

Das Merkwürdige an dieser Ausstellung war, daß sie auch in den konservativen Südoldenburger Regionalzeitungen ein ungewöhnlich positives Echo fand. Ebenso konnten auch mit eher konservativ eingestellten Besuchern zwar kontroverse, aber dennoch produktive Gespräche geführt werden.

Über Kunst als Pro-Vokation können – das zeigte sich bereits bei Hieronymus Bosch – eben auch dem »Zeitgeist« widerstrebende Botschaften vermittelt werden. Jenseits von Cocktailparty und Narrenfreiheit kann Kunst als Pro-Vokation, als agent provocateur (»Lockvogel«), Themen zu Gehör bringen, wahrnehmbar und reflektierbar werden lassen, die sonst eher der Verdrängung anheimfallen.

Es gibt aber auch noch andere Wege. Bevor ich auf diese zu sprechen komme jedoch noch einige Anmerkungen zu der Frage, warum denn in Mülheim auf der Straße in der Konfrontation mit den Bildern sich so viel Gewalt darstellte, im südoldenburgischen Stapelfeld jedoch nicht.

Alexander Pey wies besonders darauf hin, daß die Besucher in Stapelfeld innerlich anders vorbereitet und motiviert waren. Sie kamen aus eigenem Entschluß und stolperten nicht wie in Mülheim unvorbereitet über die Bilder. Zudem fehlte in Mülheim der museale Schutzraum.

Das leuchtete mir zunächst ein. Aber in meinem Sprechzimmer (s. Kap. I) wurden meine Patienten ebenso unvorbereitet mit den Bildern konfrontiert. Allerdings auch in einem geschützten Raum, jedoch – das nehme ich mal an – nicht in einem musealen.

Ein geschützter Raum ermöglicht mir, mich zu öffnen, ohne zuviel Angst zu haben, dadurch noch verletzbarer als sonst zu werden. Vielleicht hatte das »Phänomen Stapelfeld« auch etwas damit zu tun, daß über die vorausgehenden Klangbilder, Sprachbilder (wie der »Demian«-Text), die Bereitschaft, eigene innere visuelle Bilder entstehen zu lassen, in einer – streckenweise meditativen – Einstimmung gefördert wurde.

Insbesondere die Klangbilder, die Theo Hartogh am Flügel zu den Ausstellungsbildern gestaltete, waren hierzu geeignet. Das Meditative stimmte friedlicher, weniger ängstlich, milderte Abwehrbereitschaften.

Die Botschaft von Alexander Peys Bildern, nämlich selber eigene innere Bilder entstehen zu lassen, konnte auf diese Weise besser aufgegriffen und verstanden werden.

Gleichzeitig konnte ein wesentliches weiteres Moment wirksam werden, nämlich die Empfindungen über die in der meditativen Einstimmung aufgestiegenen inneren Bilder mit einer dialogischen Sprache zu verknüpfen.

Innere Bilder sind die Brücke zwischen Gefühlen, Empfindungen auf der einen Seite sowie der Begriffssprache auf der anderen Seite.

Die Äußerungen in Mülheim meinten jedoch keinen Dialog, sondern zielten auf Dialogabbruch. Die Konfrontation mit dem Fremden in Gestalt der Bilder war zu heftig, zu ungeschützt, zu radikal und ungewollt, als daß sie einen »ästhetischen Zustand«, der eigene innere Bilder aufsteigen läßt, hätten ermöglichen können.

Es war dann eben die »Sprache der Straße«, die man hören konnte. Schöpferische Aufsässigkeit gegen Gewalt »sprachfest zu machen«, zu versuchen, auch außerhalb geschützter Räume begreifbar werden zu lassen – darum geht es u. a. im nächsten Kapitel.

IX
Schöpferische Aufsässigkeit und Dialog

»Die Luft ist kostbar für den Roten Mann – denn alle Dinge teilen denselben Atem – das Tier, der Baum, der Mensch – sie alle teilen denselben Atem. Der Weiße Mann scheint die Luft, die er atmet, nicht zu bemerken; wie ein Mann, der seit vielen Tagen stirbt, ist er abgestumpft gegen den Gestank. (...)
Lehrt Eure Kinder, was wir unsere Kinder lehren: Die Erde ist unsere Mutter. Was die Erde befällt, das befällt auch die Söhne der Erde«.

Aus der Rede des Häuptlings Seattle im Jahre 1855.

Im Januar-Heft 1993 erschien in der Zeitschrift »Psyche« ein offener Brief an Bundeskanzler Kohl und Bundesminister Töpfer, der in der Folgezeit von nahezu allen namhaften ärztlich-psychotherapeutischen, psychologischen und zum Teil auch pädagogischen Fachgesellschaften unterschrieben wurde. Auszugsweise heißt es in dem Offenen Brief »Gegen die Vergiftung der Kindheit«, für den der bekannte Berliner Arzt und Kinderanalytiker Horst Petri verantwortlich zeichnete: »Wir sind darüber besorgt, daß eine wachsende Zahl von Kindern und Jugendlichen unter der Dauerbelastung der Umweltbedrohung leidet. Wissenschaftliche Untersuchungen und Alltagserfahrungen innerhalb und außerhalb der Familie und in der beratenden und psychotherapeutischen Praxis legen den Verdacht nahe, daß die langfristige Erfahrung zerstörerischer Kräfte in der Außenwelt auf Dauer verinnerlicht wird und im Inneren destruktive Erlebnis- und Verhaltensstrukturen bildet. Die viel diskutierte ›Umwelt- und Zukunftsangst‹ in der jungen Generation kann bei genauerer fachlicher Betrachtung Ausdruck tiefgreifender, umweltbedingter Identitäts- und Entwicklungsstörungen sein. Besonders ernst zu nehmen sind nach unserer Auffassung neben den individuellen Folgen die langfristigen Auswirkungen auf das Verhältnis der Generationen zueinander und auf das Zusammenleben in unserer sozialen Gemeinschaft. Die Weltzerstörung stellt schon heute eine Verletzung von Grundrechten dar, und die von der jungen Generation als Verrat erlebte Bedrohung ihrer Zukunftschancen führt nach breiten psychologischen Erkenntnissen zu Rachegefühlen und Vergeltungsaggression.«

Ihr braucht Euch nicht wundern, daß Eure Kinder so aggressiv zu Euch sind. Ihr, die Erwachsenen, bekommt nur die Quittung dafür, daß Ihr so zerstörerisch mit der Welt und so auch mit der Zukunft Eurer Kinder umgeht – dies wäre die Kurznachricht dieses Briefes. Ein waches Umweltbewußtsein innerhalb der Familien wird nun in der Regel – zumindest in der »Mittelschicht« – von den Kindern den Eltern gegenüber verfochten. Die Kinder schauen den Eltern kritisch auf die Finger. Insbesondere dann, wenn Reden und Handeln der Eltern in dieser Hinsicht auseinanderfallen, gibt es heftige Kommentare.

- Die Kinder wissen nämlich sehr wohl, daß sie in der Welt leben müssen, die die Eltern ihnen hinterlassen. Die Rücksichtslosigkeit, mit der die Erwachsenen die Welt zerstören, läßt die Kinder ihren Eltern gegenüber sehr kritisch werden – wenn es gut geht. Geht es nicht gut, so entlädt sich der Zorn in einer destruktiven Form, wie der obige Brief verdeutlicht.
- Welt als Schöpfung erscheint den Kindern auch noch, mehr als den Erwachsenen, als beseelte Natur. Sie erscheint als ein dialogisches Gegenüber und nicht als ein manipulierbares Objekt zur Ausbeutung.

Hintergrund dessen ist die »primäre Weltsicht« der Kinder (Adolf Portmann), die sowohl kultur- als auch lebensgeschichtlich eine frühe Fähigkeit möglicher Naturerfahrung meint. In dieser Weltsicht zeigen sich Bäume, Sträucher, Blumen, Wolken, Regen, Blitz und Donner gleichsam als beseelt. Sie werden zu einem antlitzhaften Gegenüber. Ein solches Gegenüber korrespondiert mit uns noch, spricht uns noch an, wenn wir schon lange den biologischen Unterschied zwischen Baum und Mensch kennen. Bindungs- und Explorationstrieb (s.S. 104) kommen hier gut zur Entfaltung. Solch eine primäre Weltsicht zeigt sich sehr deutlich in der berühmten, wenn auch vielleicht nur fiktiven Rede des Häuptlings Seattle an den Präsidenten der Vereinigten Staaten aus dem Jahre 1855.

Allerdings wird heute bei uns ein solches Mitschwingen mit der Natur im Laufe der schulischen Karriere durch die naturwissenschaftliche Betrachtung der Welt – im Sinne Newtons – zunehmend geächtet. Nur im Urlaub, der dann gleichzeitig mit tonnenweiser Produktion von Treibhausgasen verbunden ist, lassen wir uns noch von der Natur als Gegenüber »ergreifen«.

Der Religionsphilosoph Georg Picht bestreitet jedoch entschieden den Herrschaftsanspruch der Naturwissenschaften: »Eine Erkenntnis, die sich dadurch bezeugt, daß sie das, was erkannt werden soll, vernichtet, kann nicht wahr sein. Deswegen sind wir gezwungen, die Wahrheit unserer Naturerkenntnis in Frage zu stellen.«

Dies könnte geschehen, indem die primäre Weltsicht in Märchen, Erzählungen, Gute-Nacht-Geschichten ... usw. weiter gefördert wird. Dies heißt nun aber ausdrücklich nicht, daß anstelle der Naturwissenschaften ein magischer Weltbezug treten soll oder ein naives, Rousseau mißverstehendes »Zurück zur Natur«, sondern daß wir die Natur in ihrem Schöpfungscharakter nicht aus den Augen verlieren. Der erfolgreiche Protest gegen viele überflüssige Tierversuche stellte hier schon einen wesentlichen Schritt in die richtige Richtung dar. Mehr Sensibilität der Erwachsenen für die Welt als gleichsam beseeltes Gegenüber, in dessen Schicksal wir mit eingebunden sind, ließe unsere Kinder weniger gewalttätig uns selbst gegenüber werden.

Die primäre Weltsicht meint aber auch, daß wir ein behutsameres Verhältnis zu unserer eigenen Naturhaftigkeit bewahren. Jenseits von Ausplünderung oder – komplementär dazu – fetischartigem Körperkult (s. a. S. 74) ließe eine solche Haltung mehr »Natürlichkeit« im Sinne von Gelassenheit entstehen. Dann wären die ersten – und auch die letzten – Falten, der erste Zahnverlust und Haarverlust vielleicht keine so großen narzißtischen Katastrophen mehr.

Es gilt also, diese primäre Weltsicht zu fördern, damit unsere Kinder auch noch am Ende ihrer schulischen und universitären Laufbahn ihren aufsässig-dialogischen Weltbezug erhalten. Dies wird sicherlich nicht ohne Spannungen zum naturwissenschaftlichen Weltentwurf möglich sein.

Diese Spannungen könnten jedoch auch produktiv sein, z. B. indem eben die traditionellen Naturwissenschaften und deren wirtschaftliche Verwerter auf ihr Tun hin befragt werden. Kritische Fragen müssen wir uns als Konsumenten der Produkte aus dem wirtschaftlichen Verwertungsprozeß freilich alle gefallen lassen.

Eben das ging mir durch den Kopf, als Alexander Pey mich fragte, ob ich ihm nicht zu dem Titel »Felix, der Sternenkleber« eine Geschichte schreiben könnte. Er würde gerne Bilder zu einem Kinderbuch mit diesem Titel malen. Für die Geschichte selbst hätte ich völlig freie Hand.*

Es war aber noch ein weiterer Gesichtspunkt, von dem aus ich die Geschichte – unter Verwendung von Gute-Nacht-Geschichten, die ich meinen eigenen drei Kindern früher erzählt hatte – verfaßte. Gemeint ist die »Unmöglichkeit einer vollständigen Mitteilung«, wenn es z. B. um die Frage geht, wie weit darf ich eigentlich Gewalt einsetzen, um weitere Gewalt zu verhindern (s. auch Kap. XV).

Sicherlich, das Attentat der Männer und Frauen um den 20. Juli 1944 auf Hitler war notwendig und gerechtfertigt. Aber so eindeutig und prinzipiell lassen sich die vielen Alltagsfragen, insbesondere wenn es um die Auseinandersetzung mit struktureller Gewalt geht, eben nicht beantworten.

---

* Siehe auch das Kapitel »Warum Gute-Nacht-Geschichten« in »Warum Huckleberry Finn nicht süchtig wurde, Anstiftungen gegen Sucht und Selbstzerstörung bei Kindern und Jugendlichen«, Weinheim 1993.

Geschichten ermöglichen Freiräume für Reflexionen und Phantasien, die sich situativ weiter entfalten lassen, um jeweils geeignet erscheinende Antworten finden zu können.

Im Hinblick auf Gewissensentscheidungen (s. Kap. XIV) ist es vor allen Dingen ein innerer dialogischer Prozeß, der durch Geschichten angeregt werden kann. Das Durchspielen von Aufsässigkeit in der Phantasie setzt eben diese voraus, aber auch die »innere Erlaubnis« dies zu tun.

Als ein wesentliches Kriterium solcher Geschichten wäre zu beachten, daß sie – als »Gegengift« zu den Medienstories, die vom persönlichen Lebens- und Weltbezug des Kindes wegführen – mit ihren Inhalten und Bezügen in der Welt des Kindes angesiedelt sind. Nun aber zu meiner Geschichte »Felix der Sternenkleber«.

Niemand hatte bemerkt, daß alle Sterne am Himmel verschwunden waren. Nur Felix hatte es gemerkt. Er wohnte am Rande der Stadt, dort wo die Straßenlampen und die Neonreklame abends den trüben Himmel nicht so hell werden ließen. Felix hatte einen Lieblingsstern. Den konnte er abends, wenn er aus dem Fenster schaute, hell funkeln sehen. Auch wenn die anderen Sterne noch gar nicht oder nur schwach schimmerten, leuchtete sein Stern schon ganz hell.

Früher konnte man die Sterne noch viel besser sehen, hatte ihm sein Großvater gesagt. Da wäre noch nicht so viel Dreck und Qualm von den Autos und den Fabriken in der Luft gewesen.

Felix stand schon seit Wochen jeden Abend am Fenster. Am milchigtrüben Himmel, den die Lichter der Stadt künstlich hell machten, zeigte sich aber kein Stern. Auch sein Lieblingsstern war schon seit Wochen nicht mehr zu sehen gewesen. Felix seufzte. »Ich wünschte mir, mein Stern würde wieder leuchten«, murmelte er so vor sich hin.

In dieser Nacht konnte Felix wieder fliegen. Es war ein fabelhaftes, prickelndes Gefühl im Traum. Er flog auf seinem Fahrrad hoch zu den Sternen. Noch nie hatte er seine Sterne so herrlich leuchten sehen, nachdem er den Dunst, der über der Erde lag, hinter sich gelassen hatte. Er war schon sehr nahe an seinen Lieblingsstern herangekommen, als er plötzlich hörte, wie drei Männer auf diesen einredeten. Der Stern sollte auf die Erde mitkommen. Dort könnte man ihn für eine Superlichtreklame gut gebrauchen. Das wäre die Sensation, so etwas hätte man auf der Erde noch nicht gehabt. »Nein«, widersprach der Stern, »das geht nicht. Ich bin der Abendstern. Und wenn ich nicht am Himmel erscheine, dann wissen die anderen Sterne nicht, wann sie leuchten sollen. Dann geht ja alles durcheinander, und die Sterne verlaufen sich noch am Himmel.«

Die Männer versuchten noch, den Abendstern zu überreden. Aber sie hatten keinen Erfolg. Da packten sie plötzlich den Abendstern und steckten ihn in einen Plastiksack. Es half ihm nichts, daß er so heftig zuckte und flimmerte wie er nur konnte, er wurde eingesackt und ins Raumschiff geschleppt.

Felix folgte den Sternendieben, die mit dem Raumschiff zur Erde zurückflogen. Sie landeten dann hinter einem großen Gebäude. Auf diesem Gebäude war eine riesige Neonreklame angebracht.

»Kaufhaus Sternentaler« las Felix, und weiter: das schönste Kauferlebnis, das es je gab. »Komisch, Kauferlebnis, was ist das wohl?« murmelte Felix. Dann erschrak er. Die Sternendiebe packten jetzt den heftig zuckenden Stern und quetschten ihn in eine Glaskugel. Diese schraubten sie an einem Gerüst über der Leuchtschrift fest. Allerdings leuchtete der Abendstern nicht mehr so schön. Er sah eher ziemlich mitgenommen und blaß aus. Dennoch blieben viele Leute vor dem Kaufhaus stehen. Sie schauten sich die Leuchtreklame an und riefen: »Oh, wie toll, wie schön ...« Ohne sich zu besinnen, nahm Felix seine Flitsche, und mit zwei gezielten Schüssen war die Glaskugel kaputt. Der Abendstern fing wieder ganz stark an zu leuchten, zuckte und flimmerte und war im Nu in den Himmel hinein entwichen. Die Leute davor riefen ah und oh und folgten gebannt der hellen Spur, die der Stern hinter sich ließ. Felix nutzte die Aufregung, und mit einigen zusätzlichen Flitschenschüssen hatte er die ganze Leuchtreklame zerdeppert. Es klirrte fürchterlich, die Leute waren erst erschrocken, dann lachten sie. Kopfschüttelnd gingen sie weiter. In das Kaufhaus hineinzugehen, um das schönste Kauferlebnis aller Zeiten zu erleben, hatte offensichtlich keiner mehr Lust.

Die drei Herren standen erst wie erstarrt. Sie guckten ziemlich dumm aus der Wäsche, dann fingen sie an zu toben, zu fluchen und zu schimpfen. Schließlich sprangen sie wieder in das Raumschiff und sausten in die trübe Nacht. Wahrscheinlich suchen sie jetzt wieder den Abendstern, überlegte sich Felix. Er sprang auf sein Fahrrad und sauste mit wehendem Haar hinter dem Raumschiff her. Dieses flog kreuz und quer durch die Nacht, aber von dem Abendstern war kein Schimmer zu sehen. »Der ist ihnen wohl entwischt«, murmelte Felix und lachte noch etwas, als er aufwachte.

Beim Frühstück erzählte er seinem Vater: »Ich habe mit der Flitsche die Leuchtreklame vom Sternentaler-Kaufhaus zerdeppert.« Sein Vater guckte ihn erschrocken an, dann setzte er ein ziemlich strenges Gesicht auf und sagte: »Das ist Sachbeschädigung, das darf man nicht so ohne weiteres, hast du das nicht gewußt?« Felix lachte: »Nein, das habe ich ja bloß im Traum gemacht ...« Der Vater atmete auf: »Neulich ist doch tatsächlich an dem Riesenkaufhaus bei einem Sturm eine gewaltige Reklamebeleuchtung kaputtgegangen. Man hat zuerst gedacht, daß der Sturm das gemacht hätte. Aber dazu hatte es eigentlich nicht stark genug gestürmt. Da müssen wohl Schlampereien beim Zusammenbau der Beleuchtungsanlage passiert sein ...«

Felix staunte. »Was ist eigentlich ein Kauferlebnis?« fragte er dann. »Na, wenn die Leute sich langweilen und andauernd kaufen müssen, obwohl sie das ganze Zeug, was sie kaufen, gar nicht brauchen. Aber sie kaufen, weil sie glauben, nur auf diese Art und Weise glücklich sein zu können. Über alles andere können sie sich nicht mehr freuen.«

»Auch nicht über einen schönen leuchtenden Stern?«

»Wie sollen die sich darüber freuen können«, sagte der Vater, »Sterne sieht man ja kaum noch in der Stadt.«

»Stimmt, meinen Lieblingsstern habe ich auch schon lange nicht mehr gesehen«, seufzte Felix.

Es wurde schon dunkel, als Felix am späten Nachmittag mit seinem Fahrrad zu dem großen Kaufhaus fuhr. »Ich will doch mal sehen, was da los ist«, sagte er zu sich.

Die Riesen-Lichtreklame war noch nicht wieder eingeschaltet. Monteure arbeiteten daran. Neben den großen Buchstaben sahen sie fast wie Zwerge aus.

Unten vor den Eingängen hasteten die Menschen. Etliche gingen auch in das Kaufhaus. Die meisten kamen dann mit

großen Plastiktüten beladen wieder heraus. Fröhliche Gesichter hatten nur die wenigsten. Die meisten sahen angestrengt, gequält oder auch ermattet aus. Stumm gingen die Menschen aneinander vorbei. Es kam aber pausenlos Musik aus den Lautsprechern vor dem Kaufhaus.

Plötzlich sah Felix auf der regennassen Straße im Rinnstein etwas blinken. Ganz matt nur, aber doch erkennbar. Er bückte sich und fischte drei runde Metallteile aus dem Wasser. Die sahen aus wie Zehnpfennigstücke, aber ganz glatt, ohne Prägung. Sie fühlten sich auch ganz so wie Metall an und waren auch sehr schwer. Als Felix sie aufmerksam betrachtete, schien ein Leuchten von ihnen auszugehen, aber das war wohl nur der Widerschein der vielen Lichter ringsumher. Oder? Sein Traum fiel ihm wieder ein. Sterntaler vor dem »Kaufhaus Sterntaler«? Wahrscheinlich gibt's die als Reklame, wenn man etwas kauft, dachte Felix und wollte seine Sterntaler schon wieder wegwerfen. Aber dann zögerte er. Sehen doch eigentlich schön aus, wer weiß, was man damit noch machen kann.

Zu Hause steckte er die Sterntaler in seine Schatzkiste. Da waren viele wichtige Sachen drin. Eine kleine Taschenlampe, ein Taschenmesser, ein kleines Fernglas, die Klingel von seinem ersten Fahrrad, ein »goldener« Kugelschreiber mit seinem Namen drauf, seine beste Flitsche und noch vieles mehr. Als Felix die Schatzkiste – übrigens ein großer Holzkasten, in dem mal Lebkuchen waren – wieder wegstellen wollte, hatte er auf einmal ein komisches Gefühl, er wußte

aber nicht warum. Kurz vor dem Einschlafen dachte er: Hatten die Sterntaler nicht in seiner Schatzkiste geleuchtet, obwohl das Licht seiner Schreibtischlampe gar nicht in die Schatzkiste gefallen war?

Am nächsten Morgen machte der Vater beim Frühstück ein ernstes Gesicht. »Für heute ist wieder ein Orkan angesagt mit Windstärke 12. Ich fahr dich lieber mit dem Auto in die Schule.« Felix lachte, immer dasselbe mit Papa. »Nein, du brauchst mich nicht mit dem Auto zu fahren, dann verpestest du nur noch weiter die Umwelt. Wenn es zu windig ist, schieb ich einfach mein Fahrrad.« Gegen Mittag wurde es dann so windig, daß Felix tatsächlich von seinem Fahrrad absteigen mußte. Nur mit Mühe und Not konnte er das Rad gegen den Wind nach Hause schieben.

Dachziegel wurden reihenweise von den Dächern gefegt, Äste wurden abgeknickt, Bäume stürzten um, Reklamewände wurden umgeweht, Baugerüste brachen zusammen. Es war wirklich gefährlich. Felix brachte sein Kaninchen Leo und den Kaninchenstall in den Keller. Seine Mutter hatte dieses Mal dagegen nichts einzuwenden. »Es ist ganz schön unheimlich«, sagte sie. Nach den Fernsehnachrichten sprach ein Fachmann auch davon, daß es wegen der vielen Autos und vielen qualmenden Fabrikschornsteine auf der Erde zu warm geworden sei. Auch in Europa müßten jetzt solche Stürme immer öfter befürchtet werden. Kaum hatte er seinen Satz zu Ende gesprochen, da wurde es plötzlich ganz dunkel. »Wahrscheinlich ist eine große Stromleitung durch den Sturm beschädigt, vielleicht sogar umgekippt worden«, sagte der Vater. Felix schaute aus dem Fenster. Auch draußen war es ganz dunkel. Keine Straßenbeleuchtung, keine Autoscheinwerfer, keine Reklame, keine erleuchteten Fenster. Nur der Orkan dröhnte. Vater holte das Kofferradio. In den

10-Uhr-Nachrichten war die Rede davon, daß der Orkan gegen Mitternacht nachlassen würde. Es seien jedoch riesige Schäden entstanden, auch mehrere wichtige Stromleitungen seien ausgefallen. Der Straßenverkehr sei behindert, da viele Bäume umgestürzt seien. Der Unterricht würde am nächsten Tag ausfallen. Gegen 11 Uhr flaute der Orkan tatsächlich etwas ab. Felix' Eltern meinten, daß er und seine Schwester versuchen könnten zu schlafen.

Nachdem seine Eltern ihm gute Nacht gesagt hatten, schaute Felix noch einmal aus dem Fenster: Es war immer noch ganz dunkel. Kurz bevor er einschlief, fielen ihm seine Sterntaler ein. Ob die wohl auch in der Dunkelheit so merkwürdig leuchten würden?

Felix war im Traum wieder unterwegs mit seinem Rad. Auf dem Gepräckträger hatte er seine Schatztruhe mit dem Fernglas und dem Messer, seiner besten Flitsche, der Klingel und – jeder Menge Sterntaler.

Felix flog mit seinem Rad in das Dunkel der Nacht. Die Sterntaler wollte er am Himmel wieder anbringen. Aber wie? Man müßte etwas haben, woran man ein paar befestigen könnte, dann würde man schon weitersehen. Und während er das noch dachte, stieß er sanft gegen einen Samtvorhang. Wie gerufen, dachte Felix. Er öffnete seine Schatztruhe und nahm einige Sterntaler heraus, die plötzlich besonders hell zu schimmern anfingen. Deren Rückseite bestrich er mit etwas Klebstoff und drückte die Sterntaler gegen den Samtvorhang. Und plötzlich war alles anders. Die Dunkelheit war nicht mehr so bedrohlich. Das Licht der Sterntaler, das in die Dunkelheit hineinschimmerte, war unglaublich schön. »Wir sind die Fixsterne«, sagten die Sterntaler plötzlich. »Du hast genau den Platz gefunden, von dem aus wir immer leuchten. Wird sind von hier aber verjagt worden von den drei Männern, die den Abendstern entführt haben. Den haben wir gesucht, dabei haben wir uns verirrt. Gut, daß du uns gefunden hast.« Felix freute sich. »Hoffentlich sehen die Menschen auf der Erde auch, wie schön die Sterne leuchten!«

Doch dann erschrak er. Kurz vor ihm hielt ein Raumschiff. Aus dem stiegen die drei unheimlichen Sternenjäger.

»Verschwinde hier«, brüllten diese zu ihm herüber, »du hast hier nichts zu suchen! Die Sterne gehören uns!«

Ohne zu zögern nahm Felix die Flitsche und landete einige Treffer am Triebwerk des Raumschiffes. Dies fing bedenklich zu torkeln und zu taumeln an. Die Sternenjäger stießen einen Schreckensruf aus und ruderten in ihren Raumanzügen in unbeholfener Weise auf das Raumschiff zu und verschwanden darin. Kurz darauf setzte es sich in Bewegung und verschwand im Weltall. »Die haben erst einmal eine längere Reise vor sich«, sagte der Abendstern lachend, der plötzlich hell leuchtend neben ihm und den Fixsternen stand. Diese hatten vorher ganz aufgeregt geflimmert und gezuckt. Jetzt schienen sie wieder klar und ruhig. »Herzlichen Dank«, sagte der Abendstern, »jetzt kann ich wieder leuchten und du kannst auch deine Schatztruhe aufmachen. Meine Geschwister können jetzt wieder ihren Weg finden.«

Felix öffnete stumm seine Schatztruhe. Ein leuchtender Stern nach dem anderen schwebte heraus, suchte und fand dann seine Bahn am Firmament.

Felix war überwältigt, und er konnte nur mit dem Kopf nicken, als der Abendstern sich bei ihm bedankte, daß er sich nun nicht mehr verstecken müßte – »und als Dank an dich wollen wir besonders hell und funkelnd

leuchten«, hörte er den Abendstern noch sagen, als er erwachte.

Er sprang aus dem Bett und lief ans Fenster. Aber es war schon heller Tag, so lange hatte er geschlafen. Man konnte auch blauen Himmel sehen, der Orkan hatte offensichtlich allen Dunst und Dreck weggeblasen. Elektrischen Strom gab es immer noch nicht. Draußen auf der Straße war es merkwürdig ruhig, nur ein paar Autos fuhren vorbei.

In der Notausgabe der Zeitung, die gegen Mittag gebracht wurde, stand ausschließlich etwas über den Sturm und die schrecklichen Folgen. Eine kleine Notiz fesselte Felix sofort: Dort stand, daß das Kaufhaus Sterntaler zusammengestürzt sei und auch nicht wieder aufgebaut werden könnte. Die Versicherungen könnten nichts mehr bezahlen. Obwohl dies, wie alle anderen Meldungen auch, eine traurige Meldung war, freute sich Felix mächtig darüber. Nun werden sie auch nicht mehr den Stern jagen, jubelte er.

Als Felix in der Abenddämmerung dieses klaren Tages nach draußen ging, sah er sofort den Abendstern. Dieser leuchtete, flimmerte und funkelte so hell wie noch nie. Und als es noch dunkler geworden war, zeigte sich der ganze Himmel mit seiner Sternenpracht. Die war so schön, daß Felix fast der Atem stockte. Und weil die Straßenlaternen auch an diesem Abend noch nicht wieder angingen und die Leute immer noch kein Licht in ihren Wohnungen hatten, waren die Sterne an diesem Abend einfach nicht zu übersehen. Die Menschen schauten aus den Fenstern, stutzten, liefen auf die Straße, riefen es den anderen zu, und bald standen alle Menschen der Stadt auf der Straße und schauten in den Sternenhimmel.

Am nächsten Abend geschah etwas, das war fast noch erstaunlicher: Obwohl die Stromleitungen wieder repariert worden waren und die Stadt mit Strom ausreichend versorgt werden konnte, ließen die Menschen in der Stadt die meisten Lichter ausgeschaltet und liefen wieder auf die Straße – um die Sterne anzusehen. Kein Mensch konnte sich daran erinnern, so viele Sterne so klar leuchtend jemals gesehen zu haben. »Wenn das doch immer so bliebe«, riefen die Menschen.

Felix war glücklich. Dann dachte er an seine Schatzkiste. Ob die Sterntaler wohl noch da drin waren?

Als ich die Geschichte geschrieben hatte, habe ich sie in einer dritten Klasse einer Grundschule vorgelesen. Das hat Spaß gemacht. Über die Reaktionen und Kommentare der Kinder erfuhr ich auch, welche Textpassagen für ein besseres Verständnis noch umgeschrieben werden mußten. »Wie ist das«, fragte ich auch, »darf man so mit der Flitsche eine Neonbeleuchtung zerdeppern ...?«

»Nein, natürlich nicht ...!« Die Kinder lachten aber verständnisinnig dabei, und die meisten hatten in ihrer Phantasie eben wohl eine solche Neonanlage zerdeppert.

Anschließend haben die Kinder dann Themen für Bilder zu dieser Geschichte gesammelt: Felix schaut aus dem Fenster, Felix zerdeppert die Neonreklame, Felix findet die Sterntaler ... usw.

Jedes Kind dieser Klasse malte ein großformatiges Bild. Alle Bilder wurden dann auf DIN A4 Blätter kopiert, mit den dazu gehörigen Textabschnitten der Geschichte auf der

Rückseite. Die einzelnen Blätter wurden schließlich zu einem Buch zusammengeheftet, dessen Deckblatt von den Kindern dann noch individuell ausgestaltet werden konnte.

Jedes Kind hatte dann ein Buch mit einem von ihm selbst angefertigten Bild darin. Kein Bild wurde aussortiert!

Alles das fesselte die Kinder wohl außerordentlich: primäres Welterleben, Phantasieren können, eigener Ausdruck, eigenes Gestalten. Es gab keinen Widerspruch, daß *alle* Bilder in das Buch aufgenommen wurden, keinen verächtlichen Kommentar, obschon ein Schüler gleich zu Beginn sich geäußert hatte: »Und dann suchen wir die besten Bilder aus ...«

In dem Zusammenbinden des Buches konkretisierte sich sozusagen wortwörtlich der Bindungstrieb. Dabei wandelte sich die gemeinsame Sorge von Kindern und Erwachsenen um diese Welt im primären Welterleben über das schöpferische Gestalten zu einer poietischen Aufsässigkeit – in der Phantasie und den bildnerischen Produktionen. Das Herantreten an die Welt war Spiel und Exploration (Erkundung) zugleich und von daher lustvoll getönt. Es gab keine Konkurrenz, keine Selektion. Das aggredi war zu jedem Zeitpunkt gut aufgehoben. Es geschah aber noch mehr:

Affekte – hier sind insbesondere Angst, Panik, Wut und Trauer von Interesse – finden über einen solchen Prozeß Anschluß an Bilder und werden damit auch mitteilbar.

Diese Affekte werden »de-somatisiert« – so eine Formulierung von Max Schur. Gemeint ist damit, daß die Kinder zunächst über Bilder und daran anschließend über die Sprache die Affekte besser »regulieren« können. Wenn sie wütend oder traurig sind, können diese Affekte mitgeteilt und dadurch abgepuffert werden: geteiltes Leid, halbes Leid ...

Gleichzeitig kann z.B. ein zorniger Impuls über die bildnerischen Produktionen in der Phantasie ausgelebt werden und schon dadurch zur Entspannung führen, so daß er nicht real ausgeführt werden muß. Besteht diese Möglichkeit nicht, so brechen die Affekte entweder blind nach außen durch – die Kinder werden unruhig, aggressiv – oder »schlagen nach innen«. Die Folge sind dann Bettnässen, Nabelkoliken, Erbrechen, Durchfall ...

Der Schweizer Psychologe und Pädagoge Hans Zulliger (1893–1965) war einer der ersten, der über die heilsame Wirkung des *spontanen* Spielens und einer frei entfalteten Phantasie berichtete. Er beobachtete, daß erkrankte und gestörte Kinder im Spielen (im Sinne von play und fair play) und Phantasieren – auch ohne therapeutische Deutungen – gesund wurden.

Was ich dabei so bemerkenswert finde, ist, daß diese fabelhafte Tatsache heute so wenig bekannt ist, zumindest so wenig Konsequenzen mit sich gebracht hat. Dies vielleicht aber auch deswegen, weil man spielende Kinder »in freier Natur« kaum noch zu Gesicht bekommt. Da muß man schon in die Reservate gehen, in die Kindergärten und Kliniken ...

Vielleicht hat es aber auch etwas damit zu tun, daß sich mit solch einem Spielen kaum Geschäfte machen lassen. Die Manager von »toys-Я-us« würden daran nur wenig Freude haben. Das wußten auch schon die Grauen Herren in Michael Endes Geschichte um »Momo«. Die Kinder, die den

Grauen Herren in dieser Geschichte in die Hände geraten, werden durch das Lernen diszipliniert und mit Spielzeug überfüttert. Das Spielen und die Phantasie wurden auf diesem Wege abgewürgt – und die Kinder wurden krank und griesgrämig.

Vielleicht ist ein weiterer Grund für das Vergessen der heilsamen Wirkung, die vom Spielen ausgeht, darin zu suchen, daß die Freiräume dafür, wie z.B. Straßen, für die Autos benötigt werden. Sonst könnten die Menschen nicht mehr so bequem und so schnell einkaufen fahren und die Wirtschaft würde zusammenbrechen. Oder? Näheres dazu im folgenden Kapitel.

Zurück jedoch zunächst zu den Chancen, die freies Spielen und freies Phantasieren mit sich bringen.

Erwähnenswert ist, daß gewalttätige Impulse über das Erzählen von Geschichten gut aufgehoben werden, sofern die Kinder *aktiv* die dazugehörigen Bilder gestalten können. Sei es in der Phantasie, in der Darstellung auf dem Papier oder im Spiel. Dieselbe Funktion haben immer schon Märchen gehabt, sofern diese nicht wie heute per Video-Präsentation das Hervorbringen *eigener* Bilder unterdrücken. Nicht nur die gewaltverherrlichenden Videos, sondern jeglicher Fernseh- und Videokonsum begünstigen demnach gewalttätiges Verhalten der Kinder.*

Es sind vor allem die *eigenen*, nicht die aufgedrückten, inneren Bilder, die das Gefühl von Autonomie, innerer Freiheit und Beweglichkeit vermitteln.

Wenn Angst sich von »Enge« herleiten läßt (lat. angustia,

---

* »Dosierungsvorschläge« für Fernsehen- und Videokonsum im Kindesalter siehe: »Warum Huckleberry Finn nicht süchtig wurde«, Kap. XII.

Enge, Hohlweg, Bedrängnis), und eben diese Enge impulshaft gewalttätige Durchbrüche begünstigt, so meint die Eigen-Beweglichkeit in der Phantasie ein wichtiges Moment gegen *äußere* Einengungen. Daran erinnert auch der aufsässige Beiklang des alten Liedes: »Die Gedanken sind frei ...«

Ein ergänzendes negatives Gegenbeispiel liefert der gegenwartstypische Schulunterricht. Dieser sollte nach ironischer Auskunft von Lehrern, die sich noch engagieren möchten, am besten in Form einer pädagogisch-didaktischen Fernsehshow aufgezogen werden, damit die Unruhe, bzw. Eß- und Trinkbedürfnisse der SchülerInnen in Schach gehalten werden können. Ohne Cola, Chips und Schokoladenriegel würde sonst ein etwas trockener Stoff kaum noch vermittelbar sein.

Innerlich ist es in den Schülergemütern ohne die Eigenbeweglichkeit in der Phantasie offensichtlich sehr häufig öde und leer. Je abstrakter der Stoff, desto mehr demaskiert die äußere Enge der Unterrichtssituation diese innere Unbeweglichkeit und die damit einhergehende innere Öde und Leere.

Eine Klimakurve einer Region im Geographie-Unterricht z.B. bleibt dann auch nur eine Linie. Es siedeln sich keine Phantasien über die Menschen und Landschaften in dieser Region um diese Kurve an. Die Folgen sind oft aggressive Unruhe und/oder ein dranghaftes Bedürfnis, mittels Cola, Chips und Schokoladenriegel – also Erzeugnissen mit »Geschmacksverstärkern« – »gestillt« zu werden. Auch hier zeigt sich wieder eine Schnittstelle von Sucht und oft gewalttätiger Destruktion.

Und noch ein merkwürdiges Zusammentreffen im Kontext dieser Thematik:

Je mehr die Eigen-Beweglichkeit, d. h. Auto-Mobilität, der Phantasie abnimmt, desto mehr nimmt der Drang zur Auto-Mobilität im Straßenverkehr zu. Mit den bekannten Folgen.*

Jedoch noch ein letztes zu den Möglichkeiten aufsässiger Geschichten: Über solche Geschichten kann ein dialogfähiges Gewissen entstehen. Das Gewissen wird dann kein blind wütender Diktator oder Großinquisitor, sondern ein dialogfähiger Partner. Dieser läßt alle Handlungsentwürfe in der Phantasie zu, die so in ihren Konsequenzen weiter ausgeleuchtet werden können. Dadurch wird auch eine sofortige Handlungsnotwendigkeit gemildert, weil der Freiraum in der Phantasie genutzt werden kann.

Auf die Frage, ob man denn – wie der Felix im Traum – eine solche Neonanlage mit der Flitsche zerdeppern dürfte, antworteten die Kinder mit »nein!«. Ihr Gelächter ließ jedoch vermuten, daß sie sich gerade eben dies in allen Einzelheiten genüßlich ausmalten. Vor allem brechen in einer

---

* Symptomatisch erscheint dann mitunter das, was juristisches Denken in diesem Zusammenhang widerspiegelt. Nachdem unlängst der Lübecker Richter Wolfgang Nescovic offenkundig der inneren Mobilität – eher Immobilität (!) – mit einem »Recht auf den Rausch« nachhelfen wollte, offerierte der Präsident des 32. Deutschen Verkehrsgerichtstages Hannskarl Salger das passende Gegenstück. Lt. NOZ vom 28. 1. 94 bedeute »eine drastische Einschränkung des Autoverkehrs in den Citylagen ... einen unzulässigen Eingriff in das allgemeine Recht auf Mobilität!« Normative Kraft des Faktischen?

solchen kommunikativen Eingebundenheit nicht so rasch Impulshandlungen durch, die »blitzschnell am Gewissen vorbei« vollzogen werden müssen, um hinterher den Katzenjammer um so größer werden zu lassen. Dieser muß dann wieder verdrängt und verleugnet werden, weil das Selbstwertgefühl sowieso schon ramponiert genug ist, wodurch die nächste Impulshandlung schon wieder begünstigt wird. Solch ein Teufelskreis soll noch einmal anhand der Krankengeschichte eines straffälligen, gewalttätigen Patienten im vorletzten Kapitel dargestellt werden. Auch gibt es noch mehr Aspekte hinsichtlich der Dialogfähigkeit bzw. Fragwürdigkeit des Gewissens. Diese sollen dann ebenfalls im vorletzten Kapitel aufgezeigt werden.

Vorerst geht es jedoch weiter mit unserer »Kampagne« für schöpferische Aufsässigkeit gegen Gewalt, vor allem gegen »strukturale Gewalt« (s. a. Anhang).

Es gilt dabei zunächst, Gewalt auch als Gewalt erkennbar werden zu lassen und dann die vorherrschende Sprachlosigkeit zu überwinden.

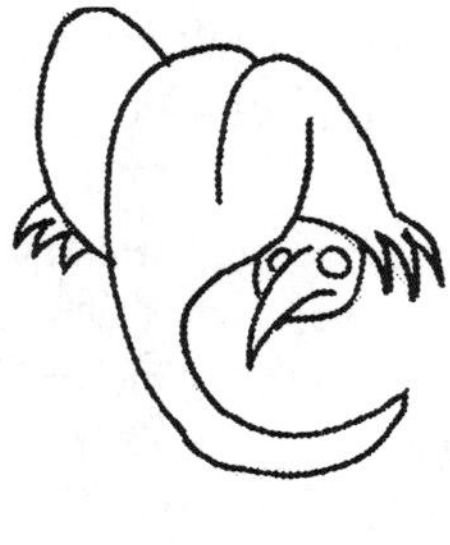

X
Ausbruch aus der Maschinenwelt

»Das Ideal der industriellen Leistungsgesellschaft ist der gefühllose Roboter. Der schützende Panzer der sozialen Konformität täuscht ihn vor. Dahinter brodelt es oft gefährlich.«

Monica Blöcker

Als ich die Musiktherapeutin Ulrike Winter aus Münster und ihre Arbeit mit komatösen, d.h. tief bewußtlosen, Patienten und Patientinnen kennenlernte, fiel mir sogleich das ein, was sich aufgrund des Bindungsstrebens in der Beziehung zwischen Säugling bzw. Kleinkind und Eltern entfalten kann.

»Ich sehe dich, höre dich, nehme dich wahr ... siehst du, hörst du mich auch?«

Gemeint ist die Urszene menschlicher Kommunikation in ihrem Ineinanderfallen von Spiel und Eros (s.a. S. 104).

Auch der tief bewußtlose Patient hat Verbindungen zur Außenwelt. Das wissen wir von den Patienten, die wieder aus dem Koma erwacht sind. Jedoch sind z.B. durch die Verletzung, eine Blutung oder Sauerstoffmangel seine Möglichkeiten der Wahrnehmung verändert. Das Erleben des komatösen Patienten ist traumähnlich, bildhaft, in das aber auch aktuelle Außenwahrnehmungen mit eingehen.

Das übliche Hantieren und Treiben auf der Intensivstation wird aus dieser veränderten Situation heraus oft als bedrohlich erlebt. »Es war wie im Krieg. Oft stand ich an einem Abgrund und drohte hineinzufallen. Dann kam ein singender Engel und hielt mich am Rande des Abgrundes fest«, so berichtete eine Patientin, nachdem sie aus dem Koma erwacht war. Der Engel war die Musiktherapeutin gewesen. Daß die Situation auf der Intensiv-Station zumeist als bedrohlich erlebt wird, erscheint nicht als verwunderlich. Denn der komatöse Patient ist zumeist »Gegenstand zum Teil hektischer therapeutischer Aktivitäten, die fast wortlos an ihm vollzogen werden« (H.-J. Hannich).

Sein Angesprochenwerden ist oft auf befehlsartige Kommandos beschränkt: »Bitte Augen aufmachen, strecken Sie mal die Zunge heraus, drücken Sie mir die Hand ...!«

Kommt der Patient diesen Aufforderungen nicht nach, wird die Reaktionsprüfung »verschärft«, z.B. indem der Untersucher den Patienten in den Arm kneift. Schließlich »versiegt jegliche Form der Ansprache: Pflegerische und ärztliche Tätigkeiten werden in stummer Routine und unbeteiligter Sachlichkeit durchgeführt« (H.-J. Hannich).

Der Dialog ist zerbrochen.

Einen »Dialogaufbau« mit komatösen Patienten praktiziert schon seit Jahren der Neurochirurg Andreas Zieger am Nordwest-Krankenhaus Sanderbusch. Dabei setzt er auch auf eine Aktivierung über das Bindungsstreben:

»Es war schon beeindruckend, wie der junge Mann, der bereits tagelang nach dem Unfall in tiefer Bewußtlosigkeit auf der Intensivstation lag, heftige Reaktionen zeigte, als er die Schritte seiner Freundin hörte. Das Herz schlug schneller, die Atmung vertiefte sich, die Augen bewegten sich ›suchend‹ rasch hin und her.«

So ist es für Andreas Zieger wichtig, daß die Angehörigen mit in das therapeutische Geschehen einbezogen werden:

Sachte, offene Ansprache, behutsame Berührung, körperliche Nähe, auch schon die Schritte, der Geruch, die Atmung einer vertrauten Person, Singen, Füttern – nicht nur durch den Schlauch – auch unter Berührung der Lippen, alles dies bedeutet Kontaktaufnahme zwischen zwei lebendigen Menschen – so wie zwischen Mutter und Kind.

Ähnliches geschieht auch, wenn die Musiktherapeutin ihren Dialog aufnimmt. Im An-Singen, Singen des Namens, Summen, Einstellung auf Atemrhythmus des Patienten *stimmt* sich die Therapeutin spielerisch auf den Patienten ein. So entfaltet sich ein Dialog, aus dem der Patient sich bis dahin zurückgenommen hatte, weil er das, was um ihn herum geschah, nicht mehr verstehen konnte. Zwischen Musiktherapeutin und Patient gibt es eine Brücke in Form des Dialoges, den das mütterliche Einfühlungsvermögen sowie der sensus communis der Therapeutin ermöglichen. Nicht immer geschieht dann so etwas Dramatisches wie die plötzliche Veränderung des EEG-Musters. Das EEG einer Patientin – das zuvor unter der lauten Betriebsamkeit der Intensivstation mit seinen Kurvenmustern nur die Bewußtlosigkeit bestätigte – zeigte bei dieser Art des Dialoges plötzlich ein verändertes Kurvenmuster, und zwar wie es sonst nur bei wacher geistiger Aktivität üblich ist.

Aus dem Gesamt des Unterschiedes in der Reaktion wird aber auch außerhalb solcher gelegentlichen dramatischen Veränderungen deutlich, daß etwas sehr Wesentliches geschieht. Dies kann über die Zunahme der Augenbewegungen, der Häufigkeit des Lidschlages, der Mund- und Kopfbewegungen, der Armbewegungen usw. erfaßt werden. Ob dies nun angenehm oder unangenehm für den Patienten ist, erspürt die Therapeutin, wenn sie sich auf den Patienten so wie die Mutter auf ihr Kind einlassen kann.

»Mit dem Patienten singen könnte doch eigentlich jeder ... und ich habe mich anfangs gewundert, daß keiner aus dem gesamten Team sich das zutraute«, kommentierte Frau Winter ihre Erfahrungen. Sie sei zwar von den meisten im Team sehr akzeptiert und begrüßt worden, insbesondere von den Schwestern und Pflegern, aber selber singen, das sei für alle nicht möglich gewesen. Die Schwelle davor hätte sich als unüberwindbar erwiesen.

Das Konzept einer dialogischen Beziehung zum komatösen Patienten stößt – insbesondere bei den Schwestern und Pflegern – auf großes Interesse. Dennoch gibt es Schwierigkeiten, dieses Konzept in die Tat umzusetzen. Die Schwierigkeit mit dem Singen zeigt dabei offensichtlich nur einen Ausschnitt der Problematik.

Das hat etwas mit den schon sehr hohen Personalkosten in der Intensivpflege zu tun, aber vor allem auch mit den Schwierigkeiten, aus dem gewohnten naturwissenschaftlich-technischen Denken auszubrechen.

Die Apparate auf der Intensivstation sind wichtig, ohne diese würden viele Patienten kaum eine Chance haben zu überleben. Aber nur über diese alleine die Patienten zu versorgen, das spüren die meisten – Helfer wie Patienten und

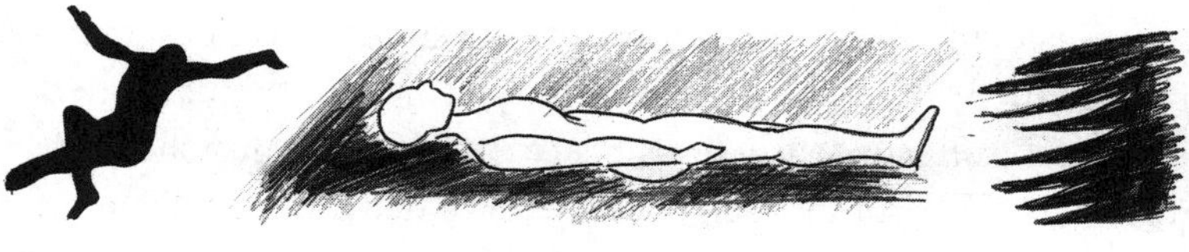

Angehörige –, reicht auch nicht. Insbesondere dann, wenn so etwas wie ein Dialog über die eben geschilderten Wege mit dem komatösen Patienten zustande kommt, wird der Unterschied deutlich.

Im Grunde stellt es auch eine Form von Gewaltanwendung dar, den Patienten ohne Ansprache der Funktion der Apparate ausgeliefert zu lassen. Und es bedeutet auch Gewalt den HelferInnen gegenüber, die dieses – noch – wahrnehmen. Gerade auf der Intensivstation ist beispielhaft zu beobachten, wie der Unterschied zwischen Mensch und Maschine – schlecht – aufgehoben, eingeebnet wird. Beide finden sich dann im Bewußtsein des Teams nur als abstrakte, miteinander kommunizierende Zeichengeber und Zeichenempfänger wieder. Dies geht bei den Teammitgliedern oft mit einem Gefühl des »burn out«, des Ausgebranntseins, einher.

Warum aber ist es so schwer, vorher auszubrechen?

Ich habe Frau Winters Frage, warum denn da bloß keiner sich zu singen traute, einfach auf mich angewandt. Warum nicht bei den gelegentlichen Besuchen auf der Intensivstation als »neurologischer Hintergrund« etwas singen, statt nur etwas an Reaktion vom Patienten zu fordern und zu kneifen?

Mir wurde etwas mulmig bei der Vorstellung. Ich dachte an das Vorsingen in der Schule, so z.B. in der 6. Klasse auf dem Gymnasium: ausschließlich Jungen, jeder war mal »dran«, ironische Kommentare des Lehrers, Grinsen und Kichern der Mitschüler, gelegentlich grölendes Gelächter.

Mit meinen drei Kindern habe ich dann – beim abendlichen Zubettbringen – wieder Mut gefaßt, allein und ohne Perfektionsanspruch zu singen. Aber auf der Intensivstation singen? Ich habe mich damit getröstet, daß ich vermutlich auch die MitarbeiterInnen zu stark verunsichern würde, wenn ich plötzlich zu singen anfinge.

Unser Perfektionsideal holt uns allzuoft immer wieder ein. Auch da, wo das Spielerische – und damit eben nicht das Perfektionistische – mehr gefragt ist, werden wir von dem Perfektionsideal bedrängt.* Technisch (!) perfekt zu sein – ein fataler Nagel (Introjekt) im Kopf!

Seit 1984 bemühen wir uns, von unserer Psychosomatischen Abteilung aus über Seminare und Balint-Gruppen zwar keine singende, aber immerhin eine sprechende Medizin unter den KollegInnen der Organdisziplin zu fördern. Aus der heutigen Meßstunde auch wieder eine Sprechstunde werden zu lassen, ist unsere Devise. Hierzu gehört, die – auch notwendige – Ebene des Zweckrationalen, des möglichst Perfekten, verlassen und sich der Ebene des Spielerischen zuwenden zu können.

Das heißt, im Erzählen bei sich selbst und dem Patienten Gedankensplitter, Träume, spontane Einfälle, Phantasien, Tagträume gelten lassen zu können. Nicht das Produkt, sondern der Prozeß ist das Entscheidende! Das gilt natürlich gerade dann, wenn Arzt/Ärztin und Patient/Patientin sich zusammen einen Traum, ein Bild, ein Selbstbildnis aus Ton

---

* Es geht ausdrücklich nicht darum, das Perfektionsideal da in Frage zu stellen, wo es seinen sinnvollen Ort hat, z.B. bei einer chirurgischen Operation, sondern da zu relativieren, wo der Prozeß – play – und nicht das Produkt im Vordergrund steht. Siehe auch S. 82 zur Kritik an den Wettbewerben unter Jugendlichen.

des Patienten anschauen. Auch hier geht es wieder um einen offenen Dialog und die Wandlung von einem nur vermessenen, erleidenden Objekt zu einem gestaltenden Subjekt. Bei dem Arzt/der Ärztin geht es um die Wandlung vom Homo faber zum Homo ludens.*

Genauer gesagt geht es um ein Hin- und Her-Schwingenkönnen zwischen Homo faber und Homo ludens. Hierzu bedarf es einer »ästhetischen Erziehung« des Arztes, gemeint ist damit eine Wiederentdeckung des Spielerischen im eben geschilderten Sinne.

Seit 1987 ist mit der Psychosomatischen Grundversorgung auch die kassentechnische Grundlage für eine sprechende Medizin gegeben, d.h. das Gespräch wird auch für die ÄrztInnen aus den Organdisziplinen vergütet. Das Interesse an einer sprechenden Medizin ist – obgleich die Vergütung dem zeitlichen Aufwand immer noch nicht entspricht – sprunghaft gewachsen. Bei Schwestern und Pflegern war es sowieso schon immer ein Bedürfnis, dessen Verwirklichung jedoch stets auf »Fürsprecher« angewiesen ist.

Ich bin der Meinung, daß als Folge einer »ästhetischen Erziehung« es nicht mehr einem Schock gleichkommen müßte, wenn der Arzt nicht nur die Reflexe prüfte, sondern seinen komatösen Patienten auch ansingen würde. Aber es

---

* Homo Faber, der nur technisch rational denkende Mensch, als Prototyp »der Ingenieur«, siehe auch hierzu das gleichnamige Buch von Max Frisch. Homo ludens, der spielende Mensch, siehe hierzu auch das gleichnamige Buch von J. Huizinga.

geht um mehr als um diese – zugegebenermaßen – derzeit noch etwas sperrige Phantasie. Es geht um die Diagnose und Therapie der Folgeschäden durch das Perfektionsideal. Dieses hat sich immer mehr zu einem umfassenden Maschinenideal des Menschen gewandelt. Und daran haben Ärzte – seitdem Karthesius den beseelten Leib in res cogitans und res extensa aufteilte – kräftig mitgewirkt. Erst wurde der Leib auf den physikalischen Körper reduziert, dann der »ganze Mensch« in der Medizin mit seinem bloßen Körper verwechselt. An der heute dringend notwendigen Kritik dessen kann medizinisches Denken genauso entscheidend mitwirken. Und eben ein solches Denken ist zunehmend gefordert, wenn es um Gewalt, gerade auch in versteckter Form, d.h. nicht sofort wahrnehmbarer Gewalt, am Menschen geht.*

Es ist ein gewalterzeugender Grundirrtum, daß die Menschen wie Maschinen funktionieren könnten und sollten. Menschen, die eine solche Gewalt erleiden, neigen dazu, eben diese Gewalt weiterzugeben. Entweder indem sie die Gewalt gegen die Organe »nach innen schlagen lassen« oder nach außen gegen die Mitmenschen.

- Was wird aus der brutalen Gewalt, die ein vielleicht 10jähriges Schulkind immer wieder erleidet, wenn auf seinem Wege zur Schule mit dem Fahrrad z.B. ein 20-Tonnen-Laster bei 50 cm seitlichem Abstand mit 60 km/h an ihm vorbeidonnert?
- Was wird aus der Folter, die Säuglinge und Kleinkinder, insbesondere in dem infernalischen Lärm von tieffliegenden Düsenjägern erleiden?
- Was wird aus der ständigen Gewalt, die Anwohner verkehrsreicher Straßen aufgrund des Lärms – tags wie

* Siehe auch Anhang: Gewalt als strukturelle Gewalt.

nachts – erleiden? Dazu Gestank und krebserzeugende Schadstoffe.

- Was wird aus der Gewalt, die wir erleiden oder mitverfolgen, wenn auf der Autobahn eine – auch mit Kindern – vollbesetzte Familienkutsche von dem nachfolgenden schneller fahrenden Pkw bedroht wird, der mit 150 km/h auf einen halben Meter heranfährt?
- Was wird aus der wahrgenommenen Gewalt, die sich die modernen Gladiatoren im Sport antun (lassen), indem sie sich mit immer raffinierteren und immer schlechter nachweisbaren Doping-Methoden gesundheitlich ruinieren?*
- Was wird aus der von uns wahrgenommenen Gewalt im Umgang mit der Kreatur: 100000 Hühner, Puten auf engstem Raum, elend, krank, ausgeplündert ... Eine Vorübung im Umgang des Menschen mit sich selbst?
- Was wird aus der Gewalt, die Menschen in dem bestialischen Gestank in der Nähe von »Tierfabriken« erleiden und auch der »Äcker«, auf denen der Kot aus der Massentierhaltung ausgebracht wird? Dies um so mehr, als »Barone« wie z.B. Anton Pohlmann aus Neuenkirchen/Oldenburg, die im Vergleich zu ihrem Gewinn lächerlichen Ordnungsstrafen, wie es heißt, bereits betriebswirtschaftlich einkalkuliert haben.

Die Auflistung ließe sich fortsetzen, bald endlos fürchte ich. Es gibt aber auch Gegenbewegungen. Aufgrund massiver Proteste wurden – zeitgleich mit dem Abflauen des kalten Krieges – die Düsenjägertiefstflüge über bewohntem Gebiet deutlich eingeschränkt. Kritik und Protest gibt es auch auf

* »Doping ist kein Vergehen krimineller Sportler, sondern letzte Auswirkung eines zutiefst gestörten Naturverhältnisses unserer industriellen Fortschrittsgesellschaft« (Horst-Eberhard Richter, 1993).

anderen Gebieten. Es gibt z.B. Greenpeace, es gibt auch einen speziellen »Verein gegen tierquälerische Massentierhaltung« und vieles mehr. Die Veränderungen in Folge solcher Aktivitäten greifen jedoch zu häufig noch nicht so richtig. Oder sie lösen, wie z.B. in Kassel, heftige Gegenbewegungen aus, nachdem dort – wohl etwas ungeschickt – den Bürgern häßliche Tonnen zuhauf über Nacht zur Verkehrsberuhigung vor die Nase bzw. den Kühler gesetzt worden waren. Auf diese Form von Gewalt wurde ziemlich prompt reagiert.

Grundsätzlich kann heute immer noch – oder schon wieder – mit einem mehr oder minder diskreten Hinweis auf Arbeitsplätze, Industrieansiedlungen und Umsatz nahezu jede Gewalttat gegen Mensch und Natur durchgesetzt werden. So scheint es zumindest.

Die Chance für ein anderes, umfassend widerständiges Bewußtsein um jede Kreatur mag jedoch z.B. mit einer Förderung der »primären Weltsicht« (s. Kap. IX) gegeben sein. Ein dialogisches Verhältnis zur Welt insgesamt als Schöpfung – jenseits aller süßlichen Verniedlichungen – meint dann auch hier die Entfaltung von Bindungs- und Explorationstrieb, worin das aggredi gut aufgehoben ist und Gewalt vermindert wird.

Der Mensch auf der Intensivstation provoziert uns in seiner Dialogbedürftigkeit zum Ausbruch aus der Maschinenwelt. Dieser Ausbruch fällt uns jedoch schwer, weil wir mit unserem unkritisch angewandten Perfektions- und Leistungsideal von der »Maschinerie um uns herum« schnell erfaßt werden können. Es gibt aber auch noch andere Motive hierfür. Gleichzeitig jedoch auch – erfreulicherweise – Gegenmotive. Wir wollen uns dies in einigen Aspekten im nächsten Kapitel noch weiter ansehen.

XI
Crash mit der Staatsmaschinerie? Widerstand gegen strukturelle Gewalt

»Die Zerrüttung der Formationen des organischen Lebens wird dadurch verursacht, daß dem Gemeinwesen ein Modell oktroyiert wird, das aus der Physik der anorganischen Natur abgeleitet ist. Das Maschinenzeitalter beginnt, wie Schiller bezeugt, mit der Konstruktion der Staatsmaschine.«

Georg Picht

Günther Anders (1902–1992) spricht von der Antiquiertheit des Menschen in seinen gegenwärtigen – artikulierbaren (E. S.) – Bedürfnissen und Möglichkeiten. Er vermutet, daß die Menschen weniger an dem *Umstand selbst*, nämlich als maschinenähnlich betrachtet zu werden, litten, sondern vielmehr daran, daß sie dem damit verbundenen Anspruch nicht genügen könnten. Sie schämten sich eher, trotz aller Möglichkeiten und Anstrengungen im Vergleich zur Maschine ein Auslaufmodell darzustellen. Günther Anders bezeichnet dies als »prometheische Scham«.

Bei all seinen Bemühungen – heute von der Gentechnologie bis zur Organtransplantation und Schönheitsoperation (E. S.) – bleibe der Mensch seinem Selbstverständnis nach der modernen Maschine gegenüber unterlegen. So unterwerfe er sich schließlich der Maschine – wie einer Gottheit, könnte man daraus folgern. In diesem Licht erscheint dann manches nicht mehr als verwunderlich z.B.

- daß der Gottheit Opfer gebracht werden müssen, wie die 10000 Toten und mehrere 100000 Verletzten und Verstümmelten pro Jahr im Straßenverkehr,
- daß das moderne quasireligiöse Erlösungswort, das derzeit fast alle Politiker im Munde führen, »high tech« heißt,
- daß es eine fast heilige Pflicht gibt zu konsumieren, das heißt nämlich, den göttlichen Maschinen auch ihre Produkte abzunehmen.

In solch einem Zerrüttungsprozeß unserer Lebensformation kann die radikale, d.h. an die Wurzel gehende Schillersche Kritik (siehe Eingangszitat Seite 153) auch als Frage an die Wirklichkeit unserer Staats- und Gesellschaftskonstruktion verstanden werden. Das Maschinenzeitalter beginnt demnach, so Georg Picht, mit der Konstruktion der Staatsmaschine. Verräterisch sei allein schon der Begriff vom Beamten-Apparat. Hier begegne der Bürger nicht lebendigen Menschen, sondern definierterweise einer dialogunfähigen, seelenlosen Mechanik.* Auch wenn heute ein Dialog geführt werden kann, handelt es sich sehr oft nur um einen Scheindialog.

Ein typisches Beispiel hierfür ist die »Fluginformationszentrale« (Fliz) in Köln, die vom Bundesverteidigungsminister eingerichtet wurde, um Proteste von Bürgern gegen den Terror und die Folter von Tiefstflügen bis zu 30 m – gelegentlich noch darunter – entgegenzunehmen. Die Anrufer

* Damit ist als anzustrebende Alternative jedoch keine romantische Hinwendung zu einem »Organismus-Denken« gemeint, wie es bei den konservativen Vorläufern der Nazi-Ideologie wie auch im New Age anzutreffen ist.

wurden und werden in der Regel von einem freundlichen Offizier gebeten, Flugzeugtyp, Nationalität und Richtung des Flugzeuges anzugeben (!). Für den Fall, daß dies tatsächlich mal möglich sein könnte, wird vorsichtshalber gleich darauf hingewiesen, daß Flugzeuge, die der Nato unterstellt seien, außerhalb des Einwirkungsbereiches deutscher Behörden lägen. Insgesamt hat die Fluginformationszentrale also bestenfalls eine Puffer- oder Beschwichtigungsfunktion. Tatsächlich ist sie wohl am ehesten mit einem einzigen großen Papierkorb zu vergleichen.

Zwar entspricht der Zustand unserer Bundesrepublik nicht dem System, das in Georg Orwells »1984« beschrieben wird, aber es gibt beklemmende Gemeinsamkeiten: Von den Datenbanken zur Steuer- und Wehrerfassung bis zum maschinenlesbaren Personalausweis; vom Fahrkartenautomaten – an dem ältere Mitbürger oft scheitern – bis zur Willkür der Fahrpläne im öffentlichen Nahverkehr, vom Strafvollzug bis zur Intensivstation. Man »kommuniziert« mit Computern. Das Maschinenmäßige ist fast allen Funktionsebenen des Staatsapparates geradezu wesensmäßig. »Wo kämen wir denn hin, wenn alle Tempo 30 forderten, denen dies einfällt«, wurde im Bauausschuß unseres Städtchens Quakenbrück gefragt, als Bürger einer verkehrsreichen Straße Tempo 30 forderten. In dieser Straße waren aufgrund von Raserei immer wieder Fahrzeuge aus der Kurve und über den Bürgersteig in die Vorgärten »geflogen«. Die Anlieger dieser Straße hatten dann in einer Art »happening« die Straße an einem verkaufsoffenen Sonnabend für eine Stunde gesperrt. Um die Aufsässigkeit zu dämpfen, wurde dann im Bauausschuß gedroht: Wenn überhaupt Zurückbau der Straße, dann unter Kostenbeteiligung der Anlieger – nachdem Jahre zuvor die Anlieger gezwungen worden waren, die nicht unerheblichen Kosten des Ausbaues der Straße zu tragen. Ein Bürger, dem innerhalb von Monatsfristen die Autos beim linken und rechten Nachbarn in den Gartenzaun sowie zweimal in seine eigene Hauswand »einschlugen«, fühlte sich bei der Baubehörde nur ausgelacht, als er wenigstens um einen Rammschutz bat. Die Straße sei nun mal zum Fahren da, wurde ihm beschieden. Vielleicht würde es besser werden, wenn in einigen Jahren die Umgehungsstraße fertig sei.

Auf einer solchen Beziehungsebene innerhalb der Staatsmaschinerie kann und darf sich der Bindungsbetrieb nicht entfalten.

Der wird es auch nicht tun, indem der seinerzeitige Innenminister Sachsens Eggert – laut Neue Osnabrücker Zeitung vom 24. 1. 94 – den Beamten des Landes schlechte Beurteilung androht, falls diese zu den Bürgern sich nicht freundlicher verhielten.

Das Leiden eines einzelnen Beamten in der Staatsmaschinerie ist oft hinter dem schützenden vermeintlichen »dicken Fell« nicht zu erkennen. Erst in Therapien zeigt sich, wie das seelenlose Räderwerk des Apparates insbesondere in den großen Verwaltungszentren entmündigt, entindividualisiert und entwertet. Hier ist der Einzelne tatsächlich nur ein Rädchen im Getriebe des Apparates – nein ein Chip in der Hardware datenverarbeitender Maschinen. Nicht die Qualität der Arbeit, sondern nur die Menge der »abgehakten« Verwaltungsvorgänge zählt. Um so wichtiger werden dann Beförderungen, Beurteilungen, Intrigen und Klatsch.

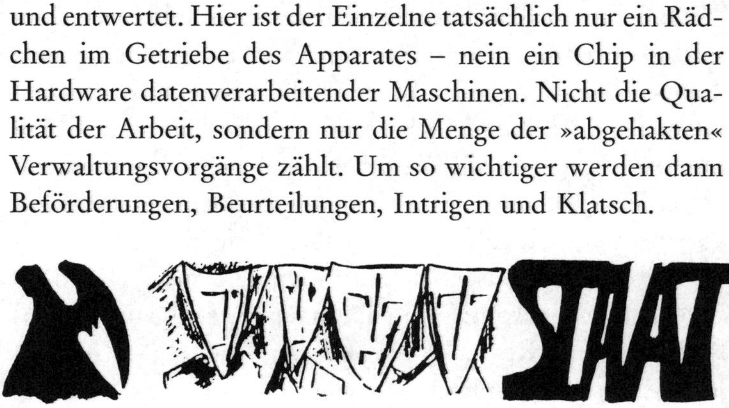

Ruppigkeit ist nicht das Problem des einzelnen Beamten. Es geht vielmehr um das in drei Jahrhunderten in Formularen, Riten, Dienstwegen, Beförderungspraktiken, allen geschriebenen und ungeschriebenen Gesetzen geronnene Prinzip der Staatsmaschinerie. Schiller verglich diese bereits mit »einem kunstreichen Uhrwerke (...), wo aus der Zusammenstücklung unendlich vieler, aber lebloser, Teile ein mechanisches Leben im Ganzen sich bildet (...) Der Genuß wurde von der Arbeit, das Mittel vom Zweck, die Anstrengung von der Belohnung geschieden (...) Der tote Buchstabe vertritt den lebendigen Verstand (...) Ewig bleibt der Staat seinen Bürgern fremd, weil ihn das Gefühl nirgends findet.«

Je perfekter die Maschine konstruiert ist, desto gnadenloser, gefühlskälter funktioniert sie. Auschwitz ist, so gesehen, eine extrem perfekte Maschine gewesen – die aber einer willentlichen Entscheidung bedurfte, um konstruiert und in Gang gesetzt zu werden.

Dieser Maschinerie – auch in unserer derzeitigen Demokratie – ins Räderwerk zu greifen, ist schwer. Wie es scheint, vermögen dies mit Erfolg nur die Vertreter »des Marktes«. Letzterer wird zum letztgültigen »Maß aller Dinge« (Jürgen Moltmann). Ihr Gemeinsames fänden Staatsmaschinerie und Markt in der Verdinglichung des Menschen und seiner Beziehungen. Das bedeutet, daß dieser ausschließlich unter dem Gesichtspunkt seiner zweckhaften Funktionen gesehen wird.

Die »institutionelle Gewalt« zermalmt den einzelnen oder

erzeugt in ihm eine Tendenz zur Gegengewalt, die das ursprüngliche Ziel, nämlich mehr Menschlichkeit zu erwirken, ins Gegenteil verkehrt.* Die ständige Entwertung als Folge einer »Arroganz der Macht«, die der einzelne erfährt, sofern er aufsässig ist, sich widersetzt, ist alleine kaum auszuhalten. Eine Gruppe, in der sich die einzelnen Mitglieder gegenseitig stützen und ermutigen können, vermag da schon mehr auszurichten. Horst-Eberhard Richter hat in seinen Büchern »Die Gruppe«, 1972, und »Lernziel Solidarität«, 1974, Wesentliches dazu gesagt – und praktiziert.

Das Schicksal der Baader-Meinhof-Gruppe ist jedoch ein trauriges Beispiel dafür, daß eine Gruppe allein nicht vor Katastrophen bewahren kann. Ulrike Meinhof und Gudrun Ensslin waren mit Sicherheit vor ihrem Abdriften in die Gewalt keine »geborenen kriminellen Frauen«. Im Gegenteil, ihr Engagement für gesellschaftliche Veränderungen hatte etwas zutiefst Humanes an sich. Jedoch: Angesichts der Entwertungen und Gewalt, die sie in ihrem Engagement erfuhren, bewahrte sie diese humanitäre Zielsetzung – auch in der Gruppe – nicht davor, ein unkritisch gehandhabtes Feindbild vom Staat zu entwickeln.

Offensichtlich hatte dieser Außenfeind später dann auch die Funktion, die Gruppe in sich zusammenzuhalten.

---

* Eine Demokratie ohne institutionelle, d. h. strukturelle Gewalt erscheint als ferne Utopie. Sie böte nur ein Vakuum für eine Diktatur. Unbeschadet dessen oder auch gerade deswegen gilt es, die Auswirkungen struktureller Gewalt stets im Auge zu behalten. Diktatur ist nicht nur durch einen »starken Mann« zu befürchten, der im Chaos »aufräumt«, sondern auf einer anderen Ebene auch durch eine ungehemmte und unkontrollierte Machtentfaltung anonymisierter und anonymisierender Apparate. Letztere stellen ggf. für einen »starken Mann« auch ein gegeignetes Intrumentarium dar.

Formal realisierte die Baader-Meinhof Gruppe schließlich – obwohl sie der gesellschaftlichen Vergangenheit den Kampf angesagt hatte – die wichtigsten Herrschaftsmechanismen der Nazi-Barbarei, so die Psychoanalytikerin Elke Natorp-Huesmann. Diese reichten »bis hin zu präzisen Kenntnissen von Vernichtungstechniken und einer Praxis der Fäkaliensprache, die ihre Vorbilder auch dort, im Dritten Reich hatte. (...) Die Terroristen dämonisierten den Staat und fühlten sich selbst als Opfer bis zum wahnhaften Vergleich mit KZ-Opfern, indem sie selbst Täter wurden«.

Wie also aus dem umfassenden Maschinendenken ausbrechen, ohne selbst zu zerbrechen oder destruktiv gewalttätig zu werden? Gemeint ist mit diesem Ausbrechen ein Mehr an Menschlichkeit in unserem Gemeinwesen – der Republik mit dem provozierenden Ideal ihres Grundgesetzes von 1949.

Hierzu einige Anmerkungen – soweit die Kompetenz reicht:

1. Wenn wir uns ein Beispiel für gelungene Aufsässigkeit anschauen, nämlich die breite Zustimmung zu den Montagsdemonstrationen in Leipzig im Jahre 1989, so finden wir hier ein entscheidendes Moment, nämlich die autoritätsgebundene Ermutigung: »Du darfst aufsässig sein.« Die Aufsässigkeit gegen die negativ besetzte staatliche Symbolfigur Honecker »durfte sein«, weil eine noch größere Autorität, nämlich Gorbatschow, dies »erlaubte«. Mit dessen Satz: »Wer zu spät kommt, den bestraft das Leben«, war Honecker als Autorität gewissermaßen schachmatt gesetzt.

   Eine ähnliche Ermutigung zur Aufsässigkeit mag 1968 von Willy Brandt auf einen Teil der Studentenbewegung ausgegangen sein.

Staatliche, bzw. jede institutionelle, Autorität – unabhängig davon, ob sie positiv oder negativ besetzt wird – findet immer noch ihren inneren Agenten, nämlich das Gewissen. Über dieses entsteht eine *innere* Strafandrohung, und zwar unabhängig von einer äußeren Straf- bzw. Gewaltandrohung. Das Gewissen ist autoritätshörig. Diese Autoritätshörigkeit kann sich so weit verselbständigen, daß äußere Autorität und Gewissen nicht mehr unterscheidbar sind.

Eine Wandlung des Gewissens im Sinne einer Dialogbefähigung wäre ein entscheidender Schritt hin zu einer gelingenden Aufsässigkeit. (Hierzu dann mehr im vorletzten Kapitel.)

2. Georg Picht verweist auf die »brennende Aktualität« der Überlegung, »ob wir die Lösung für unsere heutigen Probleme nicht in jenem verschütteten Bereich zu suchen haben, den Schiller durch seine Abhandlungen freilegen wollte«.

   Ziviler Ungehorsam als notwendiges Korrektiv zum institutionellen Maschinendenken hätte aus dieser Perspektive eher etwas mit dem Singen auf der Intensivstation zu tun als mit der Produktion destruktiver Gewalt, d.h. Zerstörung und körperlicher Gewaltanwendung gegenüber einem äußeren Feindbild.

Damit sind wir nach einem längeren Bogen wieder bei unseren Ausgangsüberlegungen (s.a. S 152). Es geht um das Spielen, das Phantasieren, das Träumen. Es geht dabei auch

um das aufsässige »Brodeln« hinter dem Panzer der sozialen Konformität des Maschinenideals. Diese Momente und Motive als Möglichkeiten aufzugreifen und handelnd umzusetzen, könnte zu einer Ich-Stärke führen, die Aufsässigkeit und Widerspruch ohne Selbstzerstörung oder destruktive Gewalttätigkeit verwirklichen läßt.

Spiel und Aufsässigkeit im Sinne eines zivilen Ungehorsams scheinen insbesondere im »happening«, einer Protestform aus den 60er Jahren, zusammenzukommen.

Die Posse, die Entblößung des Gewalttätigen bis zur Lächerlichkeit hin erscheint als Grenzsituation des Spielens immer noch im Sinne des fair play.

Gelungen in dieser Hinsicht war z. B. die Aktion »Buchstaben-Ballett«: Nach dem Tod des Studenten Benno Ohnsorg, der am 2. 6. 1967 von einem Polizisten anläßlich einer Demonstration gegen den Besuch des Schah von Persien erschossen worden war, bestand am 3. 6. 67 in Berlin ein generelles Demonstrationsverbot.

»Peter Homann, der in Hamburg Kunst studiert hatte und 1962 nach Berlin gezogen war, hatte eine Idee, wie das Verbot, Transparente zu zeigen, unterlaufen werden könnte. Es wurden Großbuchstaben auf weiße T-Shirts gemalt. Jeder trug auf seinem Hemd einen Buchstaben. Nebeneinander stehend ergab dies den Namen des Regierenden Bürgermeisters A-L-B-E-R-T-Z. Auf dem Rücken trugen sie die Buchstaben A-B-T-R-E-T-E-N. Auf ein Signal hin drehten sich alle um die eigene Achse. Am Abend wurde die Aktion bundesweit im Fernsehen gezeigt: ›Albertz abtreten!‹ Fotos erscheinen in den Tageszeitungen. Gudrun Ensslin stand rechts außen, in Minirock und weißen Stiefeln.« (Stefan Aust, »Der Baader-Meinhof-Komplex«).

Die Tragik derjenigen, die aus der Studentenbewegung heraus in eine »kriminelle Vereinigung« abdrifteten, bestand in der fatalen Unterschätzung des Schrittes vom »happening« zur »direkten (gewalttätigen) Aktion«.

»Der Kreis, der das Buchstaben-Ballett ›Albertz-Abtreten‹ aufgeführt hatte, traf sich in der Wohnung Bernward Vespers, der damals noch mit Gudrun Ensslin zusammenlebte. (...) Man überlegte sich, welche Aktion für die nächste Zeit in Angriff genommen werden könnte. Jemand kam auf die Idee, ein riesiges Transparent mit der Aufschrift ›Enteignet Springer‹ vom Turm der Gedächtniskirche herabzulassen, Schlag 12.00 Uhr mittags. Baader war das nicht genug, und er regte eine etwas revolutionärere Aktion an. Nach seinen Vorstellungen sollte gleich der ganze Turm der Gedächtniskirche gesprengt werden. Das widerum erschien den anderen ein wenig zu radikal.« (Stefan Aust, »Der Baader-Meinhof-Komplex«).

Der Begriff »radikal« hatte auf dieser Diskussionsebene eine verschleiernde Funktion. Indem Radikalität zunehmend als »Wert an sich« dargestellt wurde, bekam sie den Charakter einer nicht mehr befragbaren Autorität – mit einer erheblichen Einwirkung auf eine destruktive Gewissensentfaltung innerhalb der Baader-Meinhof-Gruppe. Radikalität »erlaubte« zunächst Gewalt gegen Sachen, später auch gegen Menschen.

Eine gelungene Weiterentwicklung des »happenings« stellen die spektakulären Aktionen von Greenpeace dar. Immerhin, auch hierzu muß gesagt werden, daß zwar ein spielerisches Moment darin wiederzufinden ist, jedoch auch ein Gewaltpotential. Allerdings richtet sich diese Gewalt kaum nach außen im Sinne einer Sach- oder Personenbeschädigung, sondern eher gegen die Akteure von Greenpeace

selbst. Die *Eigengefährdung* in den Aktionen ist jedesmal beträchtlich, scheint bislang aber in einer sinnvollen Eigendisziplinierung verhältnismäßig gut aufgehoben zu sein. Die öffentliche Resonanz auf die Greenpeace-Aktionen ist – außer bei den unmittelbar Betroffenen – in der Regel eine nahezu 100%ige Zustimmung. Bei den Aktionen der Baader-Meinhof-Gruppe zeigte sich eher eine gleich große Ablehnung.

Entscheidend dürfte dabei sein, daß sich die Aktionen von Greenpeace immer im Rahmen des sensus communis bewegen.

Hier findet sich übrigens eine sprachlich interessante Brücke zu der englischen Bedeutung von common sense, nämlich: gesunder Menschenverstand.

Die neuen Protestbewegungen, einschließlich Greenpeace, gehen seit Anfang der 80er Jahre zunehmend auch von anderen Vorerfahrungen der Bevölkerung aus. Wesentlich ist dabei, daß diese Erfahrungen sich – trotz aller Abwehr – auch im Bewußtsein niederschlagen. Die Bevölkerung erlebt, daß durch Umweltzerstörung und Wettrüsten die destruktiven Energien der modernen Zivilisation ihr unerhört dicht auf den Leib gerückt sind: »Durch Vergiftung der Nahrung, Verpestung der Luft, Verseuchung des Bodens, radioaktive Verstrahlung gewinnt die Gefährdung eine große Handgreiflichkeit. Damit erhält die Gesellschaftskritik eine Anschaulichkeit, nach der sich die Studentenbewegung vergeblich gesehnt hatte.« (Jörg Bopp)

Als 1983 im Artland die »Notgemeinschaft gegen Fluglärm e. V.« gegründet wurde, stieß diese auf eine zunehmende Resonanz in der Bevölkerung. Vor allen Dingen waren es Eltern von Säuglingen und Kleinkindern, die die Notgemeinschaft unterstützten. Und es waren wiederum spielerische Aktionen, über die die Bürger unterschiedlichster Weltanschauungen zum Mitmachen in der Protestaktion gewonnen werden konnten – so z. B. über das Steigenlassen von Großballons oder Drachenfeste. So wie hier im Artland gab es auch in vielen anderen ländlichen Regionen, deren Bevölkerung unter dem Fluglärm litt, eine erfolgreiche Protestbewegung.

Mittlerweile ist der Fluglärm deutlich weniger geworden.*

Begünstigend war wohl auch, daß mit Abflauen des kalten Krieges kein Feindbild mehr für die Notwendigkeit von Tiefstflügen mobilisiert werden konnte. Ebenso hatten die schweren Flugunfälle in Ramstein und Remscheid im Jahre 1988 ihr übriges getan, um das Verteidigungsministerium zum (vorläufigen?) Einlenken zu zwingen.

3. Auf ein gelungenes Beispiel für eine Reflexion des Maschinendenkens innerhalb einer Institution ist bereits hingewiesen worden. Es handelt sich um die Begegnung von Schülern, Lehrern und Eltern an dem Quakenbrücker Gymnasium, das von dem Bemühen getragen wurde, das »Klima« in der Schule zu verbessern. Initiatoren dessen waren die Schülerinnen und Schüler gewesen (s. a. S. 50).

Insbesondere in dem Rollenspiel mit Rollentausch so-

* Infolge eines vorläufigen Erlasses des Bundesverteidigungsministers, daß Flughöhen von 300 m nicht mehr unterschritten werden sollen.

wie der Benennung der jeweiligen Idealvorstellungen eines Lehrer-Schüler-Verhältnisses wurde ein sensus communis gefördert, nämlich das Bemühen um ein Verstehen der jeweils anderen Standpunkte. Damit trat dann auch der ganze Mensch wieder in das Gesichtsfeld und nicht nur dessen Teilfunktion.

Eine weitere Möglichkeit auf der gleichen Ebene ist mit der sogenannten »Prismatischen Balint-Gruppe«* für die Reflexion institutioneller Gewalt gegeben. In einer solchen Gruppe könnten sich – wie in unserem Beispiel – Schüler, Lehrer und Eltern treffen. Einer erzählt eine Situation, die er als konflikthaft bzw. gewalttätig erlebt hat. Die anderen berichten über ein inneres Bild, das sich bei ihnen einstellt. Wichtig ist, daß dieses Bild sozusagen in allen Farben ausgemalt wird. Derjenige, der zuerst über den Konflikt berichtet hat, erzählt anschließend von seinen eigenen Bildern und eventuell auch neuen Phantasien zu dem eben dargestellten Konflikt. Diese mögen sich in Folge der Bilder, die die anderen Teilnehmer schilderten, bei ihm nun eingestellt haben.

Über die Bilder wird auf der Ebene des Symbolhaften und Spielerischen etwas von einem fremden Standpunkt vermittelt und kann im Rahmen des play und fair play zu einer Vertiefung des sensus communis führen.

Über die Gestaltung der Bilder wird gleichzeitig auch jener bereits erwähnte besondere Prozeß gefördert, über den Gefühle mit Worten verknüpft werden. Das Bild steht gewissermaßen in der Mitte, ist Vermittler von Gefühl und

* Entwickelt wurde diese Form der Balint-Arbeit von A. Drees, Duisburg, innerhalb klinischer und außerklinischer Supervisions- und Balint-Gruppentätigkeit.

Sprache. Ich habe so die Chance, etwas über meine Gefühle zu berichten und muß diese nicht blind ausagieren.

Eine solche Situation entspricht meines Erachtens nun genau dem, was Thea Bauriedl für »Räume der Toleranz« fordert. »Wo findet man (...) einen Platz, an dem die Regeln des Kampfes zwischen ›richtig‹ und ›falsch‹, zwischen ›ich‹ und ›du‹ wenigstens prinzipiell aufgehoben sind? (...) Es fehlen geschützte Räume, und es fehlt sehr häufig an der Zustimmung beider Seiten, einen solchen revolutionären Versuch zur Befreiung aus der feindseligen Verklammerung zu unternehmen. Beides wäre aber Voraussetzung für eine wirkliche Veränderung, die nicht wieder missionarisch-imperialistischen Charakter hat, jetzt unter dem Vorzeichen der Predigt vom nötigen Abbau der Feindbilder.«

Räume der Toleranz wären dann eben die Räume des Spielerischen, denn hierzu gehört alles – und das klingt jetzt wieder sehr bekannt – »was nicht nötigt«.

Was aber geschieht, wenn diejenigen, die sich um solche Räume ohne Nötigung bzw. Räume der Toleranz bemühen, selbst genötigt werden? Und zwar genötigt werden zu nötigen. In den beiden nächsten Kapiteln werde ich über Patienten berichten, durch deren Therapie ich sozusagen selbst ein Rädchen der Staatsmaschinerie wurde oder werden sollte.

XII
Der Therapeut als Robin Hood?

»Wenn der Betrachter einer Beziehung – als Beteiligter oder als Beobachter von außen – darauf verzichtet, in sich zu entscheiden, wer ›gut‹ und wer ›böse‹ ist, wenn er sich statt dessen für die Qualität der Beziehung, für die offen oder versteckt mitgeteilten Gefühle, für die Ängste und Wünsche der Beteiligten interessiert, dann werden in seinem Bewußtsein die bestehenden Fronten in Frage gestellt. Dazu muß er ›fühlen statt richten‹, d.h. er muß die entpersönlichte ›Rechtsprechung‹ in sich selbst aufheben und statt dessen die Spannung im jeweiligen Konflikt zwischen den Personen in sich aufnehmen. *Das ist ein künstlerisch-kreativer Prozeß.* (Hervorhebung durch E.S.) Eine solche innere Veränderung einer Person verhindert natürlich noch nicht die Gewalt, die von anderen Personen ausgeht. Aber (...) diese Sichtweise (...) könnte (...) dazu beitragen, daß immer mehr Menschen eine veränderte Einstellung zur Frage der Gewalt entwickeln.«

Thea Bauriedl

Auch staatliche Gewalt in unserer Demokratie birgt immer schon, trotz Gewaltenteilung, zerstörerische Tendenzen in sich. Diese verdeutlichen sich nicht nur bei Polizeieinsätzen gegen Demonstranten, sondern ebenso auch bei der Standortbestimmung von Flughäfen, Sondermülldeponien, Atomkraftwerken usw. Das Dilemma moderner Technologie mit Wohlstand und Bequemlichkeit auf der einen sowie Belästigung, Risiko und Umweltzerstörung auf der anderen Seite scheint destruktive staatliche Gewaltentfaltung zu begünstigen.* Die sogenannte »4. Gewalt« in Form der Medien mag als Korrektiv wirken, sofern sie nicht selber als »Kampfpresse« – so der ehemalige Spiegel-Redakteur und spätere Regierungssprecher Conrad Ahlers über die Springer-Presse – destruktive Kräfte freisetzt.

An den alltäglichen kleinen Destruktivitäten staatlicher Gewaltausübung geht solch eine Korrekturmöglichkeit jedoch zumeist vorbei. Wenn ich im folgenden nun von solchen alltäglichen Destruktivitäten als »kleinen Hexenverbrennungen« berichte, dann geschieht das im Hinblick auf die Möglichkeiten einer »erweiterten Wahrnehmung von Objekten« – nein, Menschen ...

---

* Auf Wohlstand und Bequemlichkeit zugunsten einer verminderten Belästigung und Umweltzerstörung zu verzichten scheint nicht möglich zu sein. Hinter Sätzen wie »Freie Fahrt für freie Bürger« verbirgt sich bloß die Scheinfreiheit der Sucht. Thea Bauriedl spricht von einer umfassenden gewalterzeugenden Suchthaltung in der Gegenwart. Paradox erscheint dabei folgendes: Gegen die Gewalt der individuellen Sucht als Krankheit scheint oft nur eine Therapie mit staatlichen Gewaltmaßnahmen zu helfen. Im Falle der allgemeinen Sucht werden hingegen staatliche Gewaltmaßnahmen für die Verwirklichung der Suchthaltungen eingesetzt. Auch hier stoßen wir wieder auf dieses merkwürdige Zusammentreffen von Sucht und Gewalt (s. a. »Der entfremdete Hunger«, 1990).

Als ich der Aufforderung des Amtsgerichtes in M. nachkam, für meine Patientin Gerda als Gutachter tätig zu werden, war ich überzeugt, sowohl meiner Patientin als auch »der Gerechtigkeit« helfen zu können. Es ging um Gerdas Schuldfähigkeit gemäß der Paragraphen 20 und 21 des Strafgesetzbuches. Genauer gesagt, ging es um Gerdas Fähigkeit bzw. Unfähigkeit, im vollen Umfange »einsichtsgemäß richtig handeln zu können«.

Gerda stahl seit ihrem 18. Lebensjahr wie eine Elster. Anfangs alle vier Wochen, später unregelmäßiger, ging sie in Kaufhäusern auf Diebestouren. Textilien, Schmuck, Handtaschen, Klobürsten, Brauchbares und Unbrauchbares … eine »Systematik« gab es dabei nicht. Einige Jahre ihres Lebens hatte Gerda schon hinter Gittern gesessen, und es waren noch etliche Verfahren anhängig, als sie zu uns in Behandlung kam. Eine Richterin hatte anläßlich einer neuerlichen Vorvernehmung empfohlen, sie möge doch mal einen Nervenarzt aufsuchen.

Bei Erhebung der Vorgeschichte fiel eines natürlich sofort auf, nämlich der anfängliche Vierwochen-Zyklus ihrer Aktivitäten. Als wir dann ein Elektroencephalogramm (EEG) in der Zeit ihrer damals schon unregelmäßigen Menstruation anfertigten, zeigte dieses ein sehr auffälliges Kurvenmuster. Gerda litt an epileptischen Anfällen während ihrer Menstruation, ohne daß man dies äußerlich als »Anfall« erkennen konnte. Nur das EEG zeigte – immer wieder – an, daß während der Regel »Gewitter« in Form epileptischer bioelektrischer Abläufe die Eigensteuerungsfähigkeit von Gerda beeinträchtigen mochten. Infolgedessen brachen dann die Impulse, »sich mal was Gutes zu gönnen«, in Form der Eigentumsdelikte regelmäßig durch. »Ware = Liebe«, diese Gleichung gehörte mit zu Gerdas Lebenserfahrung. Siegessicher präsentierte ich dem Richter die EEG-Kurven, erzählte etwas von den Gewittern und davon, wie gut es sei, daß wir all das nun endlich herausgefunden hätten. Der Richter sah mich aber nur skeptisch bis griesgrämig an. »Dann wäre es aber die Pflicht der Angeklagten gewesen, bei der von Ihnen geschilderten Regelmäßigkeit der Eigentumsdelikte rechtzeitig einen Nervenarzt aufzusuchen.«

Mir platzte der Kragen. »Ihre studierten Kollegen und Kolleginnen haben diese einfache Frau mehr als 20 Jahre immer wieder verurteilt und in den Knast geschickt. Erst jetzt sind sie auf den Gedanken gekommen, sie nervenfachärztlich untersuchen zu lassen. Und Sie wollen sie für das haftbar machen, was Ihrer versammelten studierten Zunft selbst zu erkennen nicht gelungen ist!«

Danach war es erst einmal still. Fragen wurden keine mehr gestellt. Das Gericht zog sich zur Beratung zurück. Einen Verweis wegen »ungebührlichen Auftretens« bekam ich nicht. Ob ich Gerda und der Gerechtigkeit einen Dienst erwiesen hatte, wußte ich nicht so genau.

Gerda wurde verurteilt, die Strafe aber zur Bewährung ausgesetzt. Letzteres geschah mit dem Hinweis darauf, daß sie nun in Behandlung sei und man von der Behandlung laut Auskunft des Arztes und Gutachters erwarten dürfte, daß mit großer Wahrscheinlichkeit die epileptischen Anfälle und damit auch die Eigentumsdelikte nicht mehr aufträten.

In der Tat blieb Gerda dann auch unter einer medikamentösen Therapie mit sogenannten Antikonvulsiva »symptomfrei«. Sie setzte aber ein halbes Jahr später wegen allergischer Reaktionen das Medikament ab, woraufhin sie prompt wieder rückfällig wurde.

Unter einer medikamentösen Neueinstellung war sie wieder symptomfrei. Über Jahre hinweg stellte ich ihr dann Bescheinigungen aus, daß sie haftunfähig sei. Auf Betreiben der Staatsanwaltschaft in O. wurde aber eine Gegengutachterin gefunden, die ihr Haftfähigkeit bescheinigte, woraufhin Gerda ins Gefängnis wanderte. Dort bekam sie dann trotz regelmäßiger Medikamenteneinnahme einen großen epileptischen Anfall und zeigte sich in der Folgezeit in ihrer Persönlichkeit so verändert, daß sie im Gefängnis »nicht mehr zu führen war«. Auf Betreiben der Gefängnisleitung sowie des Gefängnisarztes wurde sie erneut zu uns verlegt. In 1 ½ Jahren teils stationärer, teils tagesklinischer Behandlung löste Gerda ihre Gleichung »Liebe = Ware« auf. Sie wurde innerhalb dieser Zeit nicht rückfällig. So mußte sie nach der Entlassung auch nicht zurück in das Gefängnis. Die Staatsanwaltschaft einer anderen Stadt, die jetzt für Gerda zuständig ist, steht ihrem Gnadengesuch positiv gegenüber.

Der Richter in M. hat mich lange beschäftigt. Ich habe dann in meiner Phantasie eine Art Balint-Gruppe gemeinsam für ärztliche Gutachter und Juristen ablaufen lassen. So wie es eben Balint-Gruppen nicht nur für Ärzte oder ganze Stationsteams gibt, sondern auch für viele andere helfende Berufe und vereinzelt auch schon für Juristen.

Oft hat eine solche Balintgruppenarbeit dann aber schon mehr den Charakter einer Supervision (s. Anhang). Dann geht es nicht nur um die Beziehung zu dem Patienten, sondern auch um die Beziehung, die die einzelnen, die jeweils dem Patienten begegnen, untereinander haben.

»Unsympathisch sei mir diese Frau eigentlich nicht«, würde ich in solch einer Gruppe sagen. »Sie durchbricht die Gesetze des Marktes. Und sonst sind es eben doch nur die Starken, die die Gesetze des Marktes bestimmen, und die eben nicht immer das zahlen, was zu zahlen wäre – siehe z. B. die Kaffee- und Bananenpreise in der Dritten Welt oder die Umweltbelastungen durch die Industrie bei uns. Daß ihre von mir als positiv erlebte Provokation zunächst die Falschen trifft, nämlich die VerkäuferInnen und KassiererInnen, na ja, das wüßte ich auch. Aber ich fände, daß es mal in einer Balint-Gruppe möglich sein sollte, über das nachzudenken, was ›der Markt‹ mit uns allen macht, und wir als Ärzte dann auch noch dessen Erfüllungsgehilfen sind.«

In meiner Phantasie hat der Richter wegen dieser groben Unsachlichkeit mich zunächst entsetzt angesehen. Dann sagte er aber: »Diese Frau hat mich wütend gemacht. Sie benutzt ihr Anfallsleiden, um das zu tun, was wir alle nicht dürfen ... Aber ich habe früher auch gerne Äpfel geklaut, habe mir als Student einen Sport daraus gemacht, ohne Fahrausweis in der U-Bahn zu fahren ...«

Der Balint-Gruppenleiter – hier schon eher Supervisor – hätte dann vielleicht gesagt: »Gutachter und Richter haben ihre jeweils eigene lebensgeschichtlich begründete Beziehung zu dieser Frau. Für den einen ist sie als Verbündete in der Integration von ›out laws‹ wichtig. Der andere bekämpft an ihr, was er an sich selber nicht – mehr – duldet. Das ist wie bei der Hexenverbrennung. Zu Hexen kann man kein indifferentes Verhältnis haben. Man liebt sie und/oder haßt sie, weil sie so viel von einem selbst widerspiegeln – dazu noch das, was man an sich selbst nicht duldet und dafür der Hexe aufbürdet, oder das, was man bei sich selber nicht findet und bei ihr dann als ›Engel‹ zu finden hofft.«

Balint-Gruppen als Freiräume für Spontaneität und Phantasie waren ursprünglich für Ärzte gedacht, die über die Beziehung zu schwierigen Patienten nachdachten und dabei etwas über sich und den jeweiligen Patienten erfuhren. Dies wirkte sich dann oft als sehr hilfreich auf den weiteren Verlauf der Therapie aus. Das, was in einer solchen Balint-Gruppe oder balintähnlichen Supervisions-Gruppe abläuft, meint nun keine Objektivierung im naturwissenschaftlichen Sinne. Vielmehr handelt es sich um einen künstlerisch-kreativen Prozeß.

Das Geschehen in solch einer Gruppe ähnelt in vielem dem in einer prismatischen Balint-Gruppe, wie sie eben im Kap. XI am Beispiel der Schüler-Lehrer-Begegnung skizziert wurde.

Die prismatische Balint-Gruppe stellt eine Abänderung dar, die insbesondere für sehr unterschiedliche oder »ungleiche« Teilnehmer wie Lehrer und Schüler gedacht ist. Insbesondere ist sie auch für Einsteiger geeignet, die noch nicht in der Lage oder nicht willens sind, unmittelbar von ihren persönlichen Gefühlen und Phantasien in der Beziehung zu einem Menschen zu sprechen.

Michael und Enid Balint, die Begründer der Balint-Gruppenarbeit, forderten als deren Ergebnis, daß der Arzt sich auf den Patienten wie bei der Betrachtung eines neuen Bildes oder eines neuen Gedichtes einstimmen kann. Es ging ihnen also auch genau darum, die »eingeschränkte Sphäre von Objekten« (Schiller, 6. Brief zur »Ästhetischen Erziehung«) zu überwinden und ihren durch »das Übergewicht des analytischen Vermögens« (verminderten) »Reichtum wieder zum Vorschein kommen« zu lassen. Damit ist also eine Ermutigung zu einer umfassenden Wahrnehmungsweise gemeint. Diese ermöglicht auch einen umfassenden Handlungsentwurf – für Ärzte dann im Sinne einer Wiederannäherung an ärztliche Kunst.

Es kommt hierbei etwas zum Vorschein, das einer an der Widerspruchsfreiheit und Konsistenz der Regeln orientierten Betrachtungsweise, dem vermessenden Herangehen allein verschlossen bleiben müßte. »Musik läßt erklingen, was unhörbar ist, Malerei und Plastik machen das Unsichtbare sichtbar, Dichtung ist die Kunst, Unsagbares zu sagen«, so Georg Picht in »Kunst und Mythos«.

Unsagbares und Unsichtbares zur Darstellung, zum Vorschein kommen zu lassen, meint ärztliche Kunst. Wenn der Arzt dem Patienten nicht nur in einer Meßstunde, sondern auch in einer Sprechstunde wieder begegnet, verdichtet sich in diesem Augenblick das, was er aus der Anamnese des Patienten erfährt, vielleicht zu einem Kunstwerk. So wie bei Sigmund Freud, der sich halb im Scherz darüber beklagte, daß seine Krankengeschichten mehr als Novellen denn als objektivierende Berichte gerieten. Es kommt so eine Bedeutungsfülle zum Vorschein, die nicht durch die Summe der einzelnen Daten und Fakten wiedergegeben werden kann. Die »eingeschränkte Sphäre von Objekten« weitet sich.

Für den Arztberuf ist dieses Vorgehen eine realisierbare Möglichkeit. Für die Begegnung von ärztlichen Gutachtern und Juristen – wenn es um einen straffälligen Menschen geht – mag es noch Utopie sein.

Erfreulich ist jedoch, daß es für Juristen bereits im Rahmen von Fortbildungsveranstaltungen an Richter-Akade-

mien Möglichkeiten in Gruppen gibt, die mit Balint-Gruppenarbeit viel gemein haben.

Über »Juristen und Psychoanalytiker im gruppendynamischen Dialog«* berichtet die Analytikerin Elke Natorp-Huesmann: Die Frage des Umgangs mit Affekt und Informationen werde zur Nahtstelle der Gruppenarbeit. Wenn akzeptiert worden sei, daß Affekte und Gefühle Informationsträger darstellten, könne der Suchprozeß in der Gruppe weitergehen. Alle Gruppenteilnehmer empfänden zunächst immer wieder die Notwendigkeit, Gefühle und Affekte aus ihrem alltäglichen Handeln herauszuhalten. In der Gruppenarbeit würden nun mannigfache Begleiterscheinungen – auch solche, die auf Anhieb nicht erkennbar seien – einer solchen Gefühlsabwehr deutlich:

»Die tadellose Vertretung eines Sachthemas, so neutral und objektiv logifizierend sie beabsichtigt ist, kann ausgesprochen aggressiv aufgeladen werden. Dies ist in der Regel für den Betroffenen nicht spürbar, er ist unangenehm berührt, wenn ihm die Gruppenteilnehmer übereinstimmend solch eine Rückmeldung machen.

Im Alltag wird so ein ›Befund‹ niemals zurückgemeldet. Im gewissen Sinne gehen hier Juristen schonend, indem sie sich ihren Teil denken, miteinander um. Dies ist eine im Grund bedauerliche Gepflogenheit: Wenn nämlich Rück-

* Elke Natorp-Huesmann (pers. Mitteilung) verweist darauf, daß sie nur einen Aspekt eines viel komplizierteren Rechtsganzen beschreibe.

meldungen anhaltend fehlen, verstärken sich beziehungsstörende Kommunikationstechniken und werden Selbstläufer. Die Betreffenden sind ›allein gelassen‹. Kaum ein Teilnehmer, der sich nicht als Einzelkämpfer fühlt, meist allein gelassen, nicht selten einsam.*

Auswirkungen der Bändigung von Affekten – die intensiv empfundene innere Notwendigkeit, das Irrationale zu ordnen, zu beherrschen, von Gefühlen im Grunde bedroht zu sein – können individuell sehr unterschiedlich sein. Eine häufige Form ist die Verschiebung von Affekten: Geprügelt wird derjenige, der am ungefährlichsten ist. In der Gruppe wird erfahrbar, daß wir alle diesen Mechanismus beherrschen. Eine andere Form des Umgangs mit Affekten ist die anhaltende Verdrängung bis zum Ergebnis definitiver Starre und Unbewegtheit. Was oft im Verhalten wiederholt wird, schlägt sich mehr und mehr als Reaktionsgewohnheit nieder bis hin zur sicher voraussagbaren Haltung: ›X … ist so und so‹. Tatsächlich gibt es nicht wenige Teilnehmer, die dafür Beobachtungen und Selbstbeobachtungen einbringen. Es besteht die Gefahr einer partiellen Verödung und Verhärtung, der Versachlichung in zu vielen Bereichen, auch in der Privatsphäre.«

Unter den Stichworten »Uneindeutigkeit und Wahrheitsfindung« berichtet Elke Natorp-Huesmann weiter:

»Die Gruppenteilnehmer können leicht ungeduldig wer-

---

* Was hier von Elke Natorp-Huesmann so plastisch dargestellt wird, gilt selbstverständlich für jede andere Institution auch, innerhalb derer Rückmeldungen nicht in Supervisionen »professionell« ermöglicht werden. Aber letzteres geschieht ja noch nicht einmal in all den Institutionen, in denen Therapie verwirklicht wird. Besonders problematisch erweist sich das Einzelkämpferdasein auch wieder einmal in den Schulen.

den, wenn sich jemand zweideutig äußert. Er wird dann zur Präzision angetrieben: ›Nun sagen Sie doch endlich, was Sie meinen!‹ Oder er wird voreilig interpretiert und festgelegt, er habe doch das und das gemeint.«

Wie der Künstler müsse jedoch auch der Jurist fähig sein, einen Unwissenheitszustand ohne quälende Angst zu ertragen, damit sich die Kräfte des unbewußten Prüfens entfalten könnten. »Sogar chaotische Bruchstückhaftigkeit kann der Zustand sein, der auszuhalten ist.«

Weiteres Ziel der Gruppenarbeit sei, innere Spielräume zu erschließen, die – vor dem Urteil – ein Verstehen des Bezogenseins auf alle Prozeßbeteiligten ermöglichten: »Wie fühle ich mich dieser Partei gegenüber, wie ist mein Arbeitsverhalten hier, was fällt mir an meiner Art zu urteilen hier auf (im Gegensatz zu anderen Situationen), wie gestaltet sich dieses oder jenes Gespräch, sind hier die wirklich weiterführenden Fragen.« Der Spielraum für diese und ähnliche Fragen stelle auch einen »potentiellen Selbstprüfungsraum« dar. Hierüber könne ein »Verclinchen« der an einem Prozeß beteiligten Juristen vermieden werden.

Für das Gelingen und den Erfolg jeder Balint-Gruppenarbeit oder balintähnlicher Gruppen sind solche inneren »Spielräume« für das Darstellen und Aufnehmen von Phantasien bedeutsam.

Das, was in der Balint-Gruppe geschieht, leitet sich nun unmittelbar aus den Freiräumen kindlichen Spielens her.

Wenn es darum geht, dem Patienten wie einem neuen Bild

oder einem neuen Gedicht zu begegnen, so wird dies durch eine vorgängige gute Spielerfahrung begünstigt. Winnicott bringt es auf den Punkt, wenn er sagt, daß ein Therapeut, der nicht spielen könne, für die Therapie ungeeignet sei bzw. erst das Spielen wieder lernen müßte.

Im nächsten Kapitel geht es neuerlich um alltägliche Destruktivitäten in der staatlichen Gewaltanwendung, aber auch um die Feindbilder, die durch das Erleiden solcher Destruktivitäten entstehen. Damit soll noch einmal an Kapitel XI angeknüpft werden und den darin skizzierten Prozeß, der zur »Radikalisierung« und Gewalttätigkeit führt.

XIII
Robin in der Zwickmühle
Zur Fragwürdigkeit von Feindbildern – auch in diesem Buch

»Es gibt eine Zeit der Empörung und eine Zeit des Verstehens.
Nur die Zeit, gegen Unrecht zu tun, was wir vermögen,
ist unteilbar«

Horst Petri

Gewalt erfordert auch den Blick auf die Wechselwirkung zwischen gesellschaftlichen, seelischen und körperlichen Abläufen. Gemeint ist eine »sozio-psycho-somatische« Betrachtungsweise. Die Fallskizze von Gerda im vorausgegangenen Kapitel mag hierfür als Beispiel dienen: Die gesellschaftliche Gewalteinwirkung auf Gerda in Form der Inhaftierung führte zu einem epileptischen Anfall als einem körperlichen Ereignis. Seelisches »Zwischenstück« war Gerdas hilfloser Zorn über die Inhaftierung, die sie als ungerecht empfand, denn sie war doch nach der zweiten medikamentösen Einstellung rückfallfrei geblieben. Zudem mußte sie befürchten, bis weit in ihre zweite Lebenshälfte hinein im Gefängnis zu bleiben. Insbesondere bangte Gerda auch um den Erhalt ihrer Ehe – zu Recht, wie sich herausstellte.

In solch einem sozio-psycho-somatischen Einwirkungsgeflecht als behandelnder und handelnder ärztlicher Thera-

peut sich nicht zu verheddern ist schwer. Therapeut kommt vom griechischen »therapeia« – Dienst, dienen. Wem dienen? Der Patientin? Sicherlich. Auch der Staatsanwaltschaft? Von einem Idealverständnis unseres Rechtsstaates her gesehen, selbstverständlich ja.

Tatsächlich hätte ich aber die Staatsanwaltschaft zeitweise zum Teufel schicken mögen.

Ich mußte mich nämlich ungefähr zeitgleich zu der Inhaftierung von Gerda mit eben derselben Institution noch wegen eines anderen Patienten auseinandersetzen. Und diese Auseinandersetzung verschaffte mir zusätzliche Probleme.

Erwin L. hatte sich wegen schwerwiegender, mit Gewalt und Nötigung einhergehender Sexualdelikte vor Gericht zu verantworten. Der Gutachter bescheinigte ihm jedoch eine verminderte Eigensteuerungsfähigkeit, woraufhin Erwin gemäß Paragraph 163 des Strafgesetzbuches zu mehreren Jahren »Maßregelvollzug« verurteilt wurde. Maßregelvollzug heißt, »gestörte« und gleichzeitig »gefährliche« Rechtsbrecher in einem entsprechend kustodial* eingerichteten Fachkrankenhaus oder der forensischen Abteilung eines Psychiatrischen Landeskrankenhauses zu »behandeln«.

Die Kluft zwischen dem Anspruch zu therapieren einerseits und den tatsächlichen personellen und materiellen Möglichkeiten, eben dies zu tun und nicht nur zu verwahren andererseits, ist oft sehr groß. Hinzu kommt oftmals ein rascher Motivationsschwund bei dem Patienten bzw. Delin-

* Von custos, lat. der Wächter.

quenten, innerhalb einer solchen Therapie ernsthaft mitzuarbeiten.

Paul H. Bresser bezeichnet die für die Behandelnden daraus resultierenden Spannungen als eine »bis an die Grenzen der Zumutbarkeit führende Belastung«.

Erwin L. sollte nun nach einem halben Jahr Maßregelvollzug auf Vorschlag der dortigen ärztlichen Kollegen zu uns verlegt werden – dies insbesondere im Hinblick auf die damit verbundenen besseren Möglichkeiten zur Ehepaartherapie. Diese waren allein schon durch die größere Nähe zum Heimatort gegeben. Auch die Möglichkeit, zum gegebenen Zeitpunkt und in geeigneter Weise Erwin L. mit dem Schicksal von Frauen zu konfrontieren, die Opfer von vergleichbaren Gewalthandlungen geworden waren, ging mit in die Eingangsüberlegungen ein. Aufgrund der besseren Chancen hinsichtlich einer Rückfallvermeidung war eine solche Verlegung also durchaus sinnvoll – für Erwin L. und auch für mögliche weitere Opfer.

Nach Rücksprache mit unserem Gesamtteam stimmte ich diesem Plan zu. Erwin L. war unserem Team bereits bekannt. Aufgrund von Suizidalität in der Zeit zwischen Untersuchungshaft und Gerichtsverhandlung war er bei uns wiederholt kurzfristig stationär behandelt worden.

Gesetzliche Grundlage der Verlegung war das niedersächsische Maßregelvollzugsgesetz aus dem Jahre 1982. Darin heißt es, daß »der Untergebrachte, (...) abweichend vom Vollstreckungsplan in eine andere für den Vollzug der jeweiligen Maßregel vorgesehene Einrichtung eingewiesen oder verlegt werden (kann), wenn (...) hierdurch die Behandlung des Untergebrachten oder seine Eingliederung gefördert wird.« Diese Möglichkeit war bislang in Niedersachsen noch nicht verwirklicht worden. Insofern stellte die Verlegung von Erwin L. zu uns in eine »offene« Abteilung für psychotherapeutische und psychosomatische Medizin an einem Allgemeinkrankenhaus durchaus ein Novum dar. Für die gewaltverringernde Leitidee »Therapie statt (nur) Strafe« meinten wir damit auch so etwas wie Pionierarbeit zu leisten.

Wenn ich damals jedoch schon gewußt hätte, was damit alles auf uns zukam, wäre ich wahrscheinlich davor doch noch zurückgeschreckt ...

Zuerst wurden uns über das Landessozialamt »Hoheitsrechte des Maßregelvollzuges zur Fachaufsicht an einer Einrichtung, die nicht Landeseinrichtung ist« verliehen. Das hieß mit einem Wort, daß ich gleichzeitig zum Therapeuten und Wächter von Erwin L. bestellt wurde.*

Damit hatte ich ebenso auch für die Urlaube und Ausgänge von Erwin L. »Gesuche« an die Staatsanwaltschaft – rechtzeitig! – zu richten.

Über die Häufigkeit und Dauer von Beurlaubungen sowie die dazugehörigen Urlaubsgesuche entbrannte nun mit der Staatsanwaltschaft eine Art Kleinkrieg. Während die Kollegen, die Erwin L. aus dem Maßregelvollzug zu uns verlegt hatten, eher eine großzügige Regelung skizzierten, ebenso auch das Landessozialamt, war die Staatsanwaltschaft anderer Meinung. Ich hätte nur ein bestimmtes Höchstmaß von 90 Tagen über das Jahr zu verteilen und wenn es vor Weihnachten bereits aufgebraucht sei, dann dürfe der Patient eben nicht über Weihnachten nach Hause beurlaubt werden. Meine Hinweise auf die Erfordernisse der Therapie bewirk-

---

* Paul Gärtner machte mich darauf aufmerksam, daß dies im Grunde auch die Situation des Lehrers heute sei: gleichzeitig als »coach« und »Kampfrichter« fungieren zu müssen.

ten gar nichts. Vergebens bemühte ich mich zu verdeutlichen, daß für eine erfolgreiche Therapie, die ja vorrangig eine Rückfallverhütung zum Ziel hatte, auf vielen Ebenen gleichzeitig etwas geschehen mußte:

Die Ehe war wichtig und mußte erhalten bleiben. Das Gespräch mit seiner Ehefrau, die zu ihm hielt, blieb Erwin nicht erspart, auch nicht mit peinlichen und beschämenden Fragen an ihn. Ebenso bedeutsam war auch die Beziehung zu seinem Kind, das unter den Hänseleien in der Schule und dem Gerede der Leute sehr gelitten hatte. Hier zeigte sich eine Ansatzmöglichkeit für Erwin, sich in das Leid einzufühlen, das er erzeugt hatte.

Dann war auch noch der Handwerksbetrieb zu berücksichtigen. Dieser konnte auf Dauer nur weiterbestehen, wenn Erwin eine bestimmte Mindestzeit in der Woche zu Hause anwesend war. Alles dies, einschließlich der Fahrerei zwischen seinem Zuhause und der Klinik, war mehr Knochenarbeit als Urlaub. Und 90 Tage im Jahr reichten dafür nicht aus. So konnte Erwin nur über den »Ausgang« all den Aufgaben nachkommen. Nach einem minimalen Nachtschlaf fuhr er in der Frühe nach Hause, um dann nach Stunden am selben Tage wieder in die Klinik zurückzukommen.

Als ich mich anfänglich in dem Gewirr von Vorschriften und den Kommentierungen* dazu noch nicht ausreichend

---

* So heißt es bei B. Volckart in seinem Standardwerk »Maßregelvollzug« (3. Auflage 1991) unter Punkt 1.2.6.5.1 zu dem Stichwort »Obergrenze« (des Urlaubes): »Es gibt allerdings Strafrechtspraktiker, die in längeren Beurlaubungen eine Durchkreuzung der in dem strafgerichtlichen Urteil getroffenen Anordnung, ja sogar eine strafbare ›Vollstreckungsvereitelung im Amt‹ (...) sehen. Das ist blanker Unsinn, weil die Art und Weise, wie das Maßregelkrankenhaus den Vollzug ausgestaltet, die Vollstreckung der Maßregel überhaupt nicht berührt.«

zurechtgefunden hatte, meldete sich im ersten Jahr der »Maßregel« am zweiten Weihnachtstag kurz vor Mitternacht bei mir zu Hause die Station. Die Polizei sei auf Weisung der Staatsanwaltschaft da und wolle die Krankenakte beschlagnahmen für den Fall, daß Erwin L. sich noch im Urlaub befände. Erfreulicherweise war gerade Orkan, so daß ich auf die Regelung verweisen konnte, daß ab Windstärke 11 oder bei extremem Glatteis der Patient nicht zum vorgegebenen Termin zum Krankenhaus zurückgekehrt sein müßte.

Wir luden auf diesen »Vorfall« hin den Oberstaatsanwalt ein, um mit ihm Möglichkeiten und Notwendigkeiten von Erwins Therapie zu diskutieren. In dieser Diskussion und bei weiteren folgenden Telefonaten wurde von dem Oberstaatsanwalt bzw. seinen Mitarbeitern immer wieder darauf hingewiesen, daß es der Bevölkerung nicht zumutbar sei, diesen Straftäter über 90 Tage im Jahr hinaus an seinem Heimatort zu wissen.

Obschon drei, vier, fünf Jahre nach der letzten Strafhandlung vergangen waren, schien der Urlaub des Immer-noch-Täters seitens der Staatsanwaltschaft der Bevölkerung auch weiterhin nicht zumutbar zu sein. Im Gegenteil, die Polizei am Heimatort wurde angewiesen, immer zu registrieren, wann Erwin L. dort auftauchte. Gleichzeitig bekam ich Briefe von der Staatsanwaltschaft, die ich nur als Drohung verstehen konnte, selbst wegen »Strafvereitelung« belangt zu werden.

Ich meinte dann aufatmen zu können, als die Strafvollstreckungskammer – ein Richterkollegium, das den Verlauf der »Maßnahmen« regelmäßig zu überprüfen hat – vor Erwins Entlassung »Langzeitbeurlaubungen« anordnete. Diese sollten auf meinen Vorschlag hin die Belastbarkeit von Erwin L. überprüfen helfen. Zudem sollte er weiteren Kontakt zu den Einwohnern seines Heimatortes aufnehmen können. Alles verlief nach Wunsch. Nur, als die 90 Tage aufgebraucht waren, meldete sich wieder die Staatsanwaltschaft: Nun sei aber Schluß mit dem Urlaub …

Als ein Rechtsanwalt, ein Patient von mir, zufällig auf eben diese Staatsanwaltschaft zu sprechen kam, bemerkte er sofort mein besonderes Interesse. Etliche seiner Kolleginnen und Kollegen und auch er selbst würden einer markanten Gestalt aus dieser Staatsanwaltschaft am liebsten mal mit dem Messer in deren Autoreifen stechen, verriet er mir. »Das könnte ich wohl verstehen, ich würde diese betreffende Person auch kennen …«, entwischte »es« mir.

Mein Feindbild war also schon lange perfekt. Ich hatte meine Hexe. Ob er es denn in diesem Fall anstelle des Messerstechens auch schon mal mit einer Dienstaufsichtsbeschwerde hätte probieren wollen, fragte ich dann den Rechtsanwalt. Der lachte: »Dienstaufsichtsbeschwerden …? Davon stehen dort schon ganze Container voll vor der Tür … Das ist doch eher ein Sport, das schert doch keinen wirklich was …«

Zur Integration von Tätern und ihren Taten gehört nun –

Thea Bauriedl folgend – der Verzicht auf die »Reaktion der Ausstoßung« von dem, was an dem Täter angst mache. Dieser Verzicht sei jedoch nicht leicht. Mit der Strafverfolgung, wie sie derzeit praktiziert werde, entspreche der Staat der kollektiven Phantasie, daß Gewalt als das eindringende Böse »ausgespuckt« werden müsse, bevor es uns alle zerstören könne. Wolle man auf den Gegenschlag der Justiz in Form des Ausspuckens verzichten, müßten innerseelisch erhebliche Ängste und Unsicherheiten in Kauf genommen werden. Zugleich gerate man zwischen alle Fronten, wenn man die von der Justiz praktizierte »Automatik des Zurückschlagens oder des vorbeugenden Zuschlagens« zu beenden versuche. »Von dieser Automatik aber lebt jeder Krieg und jede Gewaltbeziehung. Deshalb ist der Versuch, nicht zurückzuschlagen, ein erster Ansatz dafür, daß sich die Gewalt nicht wiederholt.«

Unser Team fühlte sich in der Begegnung mit Erwin L. durch dessen Druck, den er mit gelegentlichen Suizidankündigungen für den Fall einer Nichtbeurlaubung erzeugte, sowie durch die starre Haltung der Staatsanwaltschaft lange Zeit überfordert.

Heftig waren auch die Supervisionssitzungen, innerhalb derer viel Unmut über Erwin L. bei mir abgeladen wurde. Die Tendenz, ihn »auszuspucken« war anfänglich überdeutlich. Je länger Erwin nun jedoch auf der Station war und je mehr mit ihm gesprochen worden war, desto mehr verlor er auch die Züge eines Monstrums. Gleichzeitig trat allerdings immer mehr die Staatsanwaltschaft als »Ersatzmonstrum« in den Vordergrund.

Ich meine, daß dies auch viel damit zu tun hatte, daß sich die Staatsanwaltschaft eben einem ernsthaften Gespräch entzog. Feindbilder scheinen schwer zu vermeiden sein, sie

holen uns immer wieder ein – gerade auch dann, wenn es darum geht, Gewalt zu verringern oder zu beenden.

»Im Bewußtsein vieler Gruppierungen der Friedensbewegung und sogar teilweise der Wissenschaft von der Gewalt, in der Friedens- und Konfliktforschung, ist die Gewalt zum Feindbild geworden. Ich will damit sagen, daß sie zumeist als das Böse schlechthin erlebt wird, das zu bekämpfen oder gar auszurotten sei. Sobald man aber ein Symptom bekämpft, gerät man in die Wiederholung, d.h. man reproduziert in diesem Kampf das Symptom selbst. (...) Mit der Feststellung, daß ›die Gewalt‹ in weiten Teilen der Bevölkerung, aber auch im Denken mancher Pazifisten und Friedensforscher, zum Feindbild geworden ist, möchte ich auch ausdrücken, daß man diesen ›Feind‹ nicht genau betrachtet, daß man sich mit ihm nicht wirklich auseinandersetzt. Man lehnt ihn nur einfach ab. Das ist für mein Verständnis das wichtigste Charakteristikum einer ›Feindbild-Beziehung‹. Man hält den Feind für ›fremd‹ und erkennt sich selbst nicht als einen Menschen mit Wünschen, Ängsten und mit Tendenzen, gewalttätig zu werden.« (Thea Bauriedl)

Feindbilder werden zu ihrer Geschichte nicht mehr befragt. Sie scheinen als »Hexen« tatsächlich eine Macht auf uns auszuüben, so daß wir nicht mehr in einer verstehen wollenden Weise nach den Motiven ihres Handelns fragen. Und das ist immer dann gegeben, wenn wir uns bedroht fühlen. Sei es, daß die Bedrohung realitätsgerecht bei der Hexe geortet wird, sei es, daß wir unser Bedrohtsein aus uns selbst heraus auf die Hexe projizieren. Oft gilt auch beides gleichzeitig.

Auch in diesem Buch wird mit Feindbildern argumentiert. Vor allem sind es »die Grauen Herren und Damen« in den Chefetagen der Banken und Versicherungen, die Herrscher über die Märkte und »Barone« wie Anton Pohlmann, die als Feindbilder erscheinen. Wenn wir die monotone Reaktionsfolge von Gewalt und Angst nur weit genug zurückverfolgen, so endet diese sehr oft bei eben den Feindbildern. Und bei denen ist es zumindest im ersten Anlauf sehr schwer, in einem einfühlenden, verstehenden Sinne Angst als Handlungsmotiv gelten zu lassen.

Unbeschadet dessen meine ich, daß das Bemühen, Feindbilder so weit als möglich aufzulösen und nicht als Hexen zu verbrennen, als Notwendigkeit nicht aus den Augen verloren werden darf.

Das Notwendige sehen, das Mögliche tun.

Ein Feindbild in meiner Argumentation muß also immer ein Stachel bleiben.

Was ich mit meiner Hexe, der Staatsanwaltschaft, gemacht habe? Ich habe keinem in die Reifen gestochen, keinen verbrannt.

Ich habe über sie und meine Beziehung zu ihr, der Hexe, geschrieben – und einen Teil meiner Ohnmachtsgefühle damit »gut aufheben« können. Voraussetzung hierfür war jedoch eine dialoggebundene Selbstreflexion auf verschie-

denen Ebenen, d.h. ein Gewahrwerden auch der eigenen Destruktion, aus der heraus Hexen aufsteigen.

Aus der Hexe wurde wieder ein Gegner, dem gegenüber ich meinen Standpunkt weiter vertreten werde. Vielleicht wird so aus dem Gegner irgendwann ein Gegenüber.

Diese Hoffnung habe ich um so mehr, als wir durchaus schon mit verschiedenen anderen Staatsanwälten im Sinne eines »Gegenübers« gut zusammengearbeitet haben.

XIV
Zur Frag-Würdigkeit des Gewissens

»Prüft alles, das Gute behaltet.«

1. Thessalonicher Brief, Kap. 5. Vers 21

Gewissen ist nicht gleich Gewissen. Es mag verblüffen und Widerspruch erregen, daß das Gewissen einen Menschen krank machen, sogar zerstören kann.

Erwin L. war nicht gewissenlos, sondern sein Gewissen war so brutal, daß er sich in einem bestimmten Lebensabschnitt ständig auf der Flucht vor ihm befand.

Das Gewissen mit seinen bewußten und unbewußten Bereichen gibt uns normativ vor, wie wir sein sollten, und bestraft uns mit seinen »Bissen«, wenn wir nicht die geforderten Qualitäten aufweisen oder uns nicht so wie erwünscht verhalten.

Zu unterscheiden ist also die normative von der punitiven, d.h. strafenden »Abteilung« des Gewissens.

So gesehen haben wir einen kompletten Gerichtshof in uns mit Staatsanwalt und Richter. Nur unser innerer Rechtsanwalt scheint oftmals abwesend zu sein.

Ferner haben wir so etwas wie eine Gesetzgebung im Laufe unseres Lebens erfahren. Gegeben worden sind uns unsere Normen und Werthaltungen.* Aufgrund deren Befolgung oder Nicht-Befolgung urteilt unser innerer Gerichtshof.

Für Erwin lautete der Spruch dieses Gerichtshofes: »Wenn du nicht beweist, daß du tüchtig bist, ein ganzer Kerl bist, der was leistet – denn das ist das oberste Gesetz –, dann bist du im Grunde nicht lebenswert.« Der Gerichtshof spiegelte das wider, was Erwin in der Vermittlung von »Werten« an brutaler Ent-Wertung in seinem Leben erfahren hatte. Wenn auch in ganz anderer Ausgestaltung, so war sein Schicksal hinsichtlich erlittener Brutalität und Entwertung durchaus mit dem von Hieronymus B. vergleichbar (s. Kap. II). Allerdings hatte er nicht die Möglichkeiten wie dieser, in einen schöpferischen Freiraum auszuweichen. Erwin hatte keine Chancen gehabt zu spielen. Im Gegenteil. Nur über Leistung konnte er sich so etwas wie eine »Identität« – eher war es eine Identitäts-Prothese – erwerben. In der Therapie bemerkten wir dies gleich an zwei Stellen: Wenn Erwin mit seinem Kind spielen wollte, dann konnte er dies nur unter dem Gesichtspunkt der Leistung. Jede freie Minute, die er erübrigen konnte, diente dazu, um sein Kind an Schwimmwettbewerben teilnehmen zu lassen. Dies war dann angesichts der äußeren Belastungen, unter denen Erwin seine Therapie verwirklichte, kaum zu problematisieren. Spielen im Sinne von play war ihm in dieser Zeit nicht zu vermitteln.

---

* Als besonders eindringlich erweisen sich Normen und Werthaltungen, die in uns als Introjekte wirksam sind (s. S. 56ff.). Erinnert sei hier auch an Jürgens Introjekt: »Willst du etwa absteigen ...?!«

Allerdings war es gerade eben diese Leistungsorientierung, die es Erwin »ermöglichte«, die brutalen Bedingungen in der Therapie (s. S. 183) zu erfüllen. Wir hatten dabei jedoch Sorge, daß er in relativ jungen Jahren an einem Herzinfarkt versterben könnte. Das war für seine nähere Verwandtschaft nicht untypisch.

Erwin hatte sich also, dem Spruch seines inneren Gerichtshofes folgend, schon in jungen Jahren nach Leibeskräften bemüht, tüchtig zu sein, womit er dann auch »erfolgreich« war. Jedoch war der innere Gerichtshof auf Dauer damit nicht zufrieden. Auf einmal wandelte sich dessen Spruch ein bißchen und der hieß dann: »Wenn du absteigst, dann taugst du als Mann zu wenig, dann bist du auch nicht lebenswert.« (S. a. Kap. V)

Erwins große Krise begann, als er sein Lebenswerk, d. h. seinen Betrieb, gefährdet sah. Immer lauter dröhnte der Spruch seines Gerichtshofes in ihm: Wenn du absteigst, dann bist du nicht lebenswert. Er stand damit kurz vor dem Suizid, obgleich starke Kräfte in ihm mit aller Macht leben wollten.

Es war also nicht die ruhige Gelassenheit dessen, der den Suizid beschlossen und akzpetiert hat, die ihn bestimmte. Es war vielmehr eine ungeheure Spannung, die ihn quälte. In diesem Konflikt zwischen seinem archaisch brutalen Gewissen, das ihn zum Tode verurteilt hatte, einerseits und seinem Lebenshunger andererseits erlebte er eine vorübergehende Milderung seiner Spannungen, wenn er bei jungen Frauen »erfolgreich« war. Dies hatte aber zur Folge, daß sein Gewissen danach um so unbarmherziger mit ihm umsprang: »Du Schwein, du wirst jetzt auch noch deiner Frau untreu ...!« Die inneren Spannungen wuchsen ins Unermeßliche, so daß er erneut zur Linderung – wie der Heroinsüchtige das Heroin – Erfolg bei jungen Frauen suchte. Da diese Erfolge immer »größer« ausfallen und immer schneller verwirklicht werden mußten, setzte er immer mehr auf Nötigung und Gewalt, so daß der oben beschriebene Teufelskreis immer mehr eskalierte. »Wie eine Dampfwalze kam es zum Schluß über mich«, so Erwin L. wörtlich.

Erwin in der Therapie gleich zu Beginn mit seinen Opfern zu konfrontieren, war nicht möglich und nicht sinnvoll. Dann hätte er sich gleich umgebracht. Vordringlich war im ersten Schritt ein gnädigeres inneres Gericht und ein anderes inneres Gesetz- und Normenbuch. Diese Veränderung stellte sich in der geduldigen Begleitung durch einen Pfleger ein, der sich für Erwin engagierte. Im zweiten Schritt gelang es Erwin über die Auseinandersetzung mit dem Leid seines Kindes, sich auch in die Leiden seiner Opfer einzufühlen.

Erwins Schicksal – und das seiner Opfer – war, daß in seinem inneren Gesetzbuch fast nur die Gesetze des Marktes (s. Kap. V) galten und sein innerer Gerichtshof die Brutalität eines Großinquisitors besaß. Zu einem Dialog war dieser nicht fähig.

Nun hat sich in unserem Kulturbereich das, was uns als Gewissen erscheint, im wesentlichen vor dem Hintergrund der christlichen Rede von Schuld, Gewissen, aber auch Barmherzigkeit entfaltet. Dies scheint heute fast vergessen. Unser inneres Gesetzbuch bildet immer mehr die Gesetze des Marktes ab als die Rede von der Barmherzigkeit. Und der Markt ist alles andere als barmherzig.

Geblieben ist hingegen die oft recht unchristliche, befehlsartige Vermittlung der Rede jetzt nicht von der Barmherzigkeit, sondern der Letztgültigkeit des Marktes. »Wer nichts leistet, wird nichts; Absteigen ist tödlich; freie Fahrt für freie Bürger« sind die obersten Regeln des Marktes. Diese werden dann auch schon in die kindliche Welt des Spielens transportiert.

Ein breitgefaßtes, kritisches Gespräch, ein Dialog in und zwischen den Generationen über Inhalte und die Art der Gesetzgebung erscheint nun als vordringlich. Jedenfalls vordringlicher als das Klagen konservativer Kreise über den »Werte-Verfall« in dieser Zeit.

Der freie Platz, der zum Beispiel durch die teilweise Streichung sexualmoralischer Gebote in unserem inneren Gesetz- und Normenkatalog entstanden ist, wird mit Gesetzen und Regeln des Marktes neu besetzt.

Es wird heute kaum noch von »wilder Ehe« mit ihrem negativen Beiklang gesprochen. Aber dafür gilt z. B. das Gebot, sich stets faltenlos, fit und erfolgreich zu präsentieren, und alles im Griff zu haben.

Die Folgen: Sexuelles Erleben wird immer verkrampfter, fader, weil ständig »alles im Griff zu haben« auch die Schwierigkeit mit sich bringt, diesen Würgegriff um sich selbst rechtzeitig zu lösen, sich selbst einer – unkontrollierten – Spontaneität zu überlassen. Die »Beziehungskiste« wird langweilig. Man steigt aus und sucht Reize in einer »neuen Kiste«.

Eine kritische Diskussion der inneren Gesetzgebung mit ihren Leistungsanforderungen würde allerdings zunächst etwas bewirken, was gerade in unserer Zeit nur sehr schlecht auszuhalten ist, nämlich eine Erhöhung der »Ambiguitätsspannungen«. Damit ist das Erleben von Situationen ge-

meint, in denen aufgrund von gegenläufigen Verstehensmöglichkeiten keine eindeutigen Entscheidungen gefällt werden können. Dies kann zu einem starken Anstieg innerseelischer Spannungen gerade bei den Menschen führen, die nur klare Entscheidungen kennen.

Die seelische Fähigkeit, Spannungen uneindeutiger Situationen auszuhalten, also die Ambiguitätstoleranz, kann aber durch das Spielen und schöpferisches Gestalten stark gefördert werden. (S. a. Kap. XII, Seite 176. Stichworte: Uneindeutigkeit und Wahrheitsfindung.) Das Spiel und der gestaltende Ausdruck – gleich mit welchem oder über welches Medium – ermöglicht die Erfahrung, daß Mehrdeutigkeiten und Unentschiedenheiten gut aufhebbar und ihre Spannungen produktiv umzusetzen sind.

Ambiguität meint hier vor allem auch die Freiheit, sich entscheiden zu können, meint die Erfahrung der Autonomie, so wie sie für das Spielen im Sinne von play skizziert worden ist (s. Seite 86). Die Sphäre des Künstlerischen, die aus dem Intermediärraum des Spielens hervorgeht, läßt dies noch deutlicher werden: Jedes Bild, jedes Gedicht lebt von der Vieldeutigkeit, dem »sowohl als auch«, dem »ja, aber« …

Vielschichtigkeit und auch Gegenläufigkeit von Motiven werden in einem Kunstwerk ver-dichtet. Deswegen schwingt bei einem Gedicht so viel mit, ohne daß wir es sofort klar artikulieren können. Die Spannung, die aus dieser

Vielschichtigkeit heraus in uns erzeugt wird, ist jedoch für uns – zumeist – angenehm.

Urwüchsiges Modell dessen ist ein jeder Traum.

Wie aber Liebes? Sonnenschein
Am Boden sehen wir und trockenen Staub
Und tief mit Schatten die Wälder und es blühet
An Dächern der Rauch, bei alter Krone
Der Türme friedsam; und es girren
Verloren in der Luft die Lerchen und unter dem Tage weiden

Wohlangeführt die Schafe des Himmels.
Und Schnee, wie Maienblumen
Das Edelmütige, wo
Es seie, bedeutend, glänzet mit
Der grünen Wiese
Der Alpen, hälftig, da ging
Vom Kreuze redend, das
Gesetzt ist unterwegs einmal
Gestorben, auf der schroffen Straß.
Ein Wandersmann mit
Dem andern, aber was ist dies?

(Hölderlin, Mnemosyne, 1. Fassung)

Mit diesen Versen Hölderlins erleben wir, wenn wir sie auf uns wirken lassen, eine innere Spannung. Es steigen viele innere Bilder auf, aber ein greifbarer, mitteilbarer Sinn will sich uns spontan kaum zeigen.

Etwas mehr mag sich uns erschließen, wenn wir uns drei Zeilen aus Hölderlins zweiter Fassung der »Mnemosyne« anschauen. Da heißt es:

Ein Zeichen sind wir, deutungslos
schmerzlos sind wir und haben fast
Die Sprache in der Fremde verloren.

Wenn wir nun wissen, daß Mnemosyne in der griechischen Mythologie die Mutter der Musen und gleichzeitig die Göttin des Gedächtnisses war, dann mag sich für uns eine weitere Möglichkeit erschließen, diesen Versen verstehend näherzukommen.

Erinnerungen steigen wie Traumbilder auf, Stimmungen verdichten sich zu Ahnungen. Hölderlins Sprach-Bilder meinen Pro-Vokation von Erinnerung und Sprache.

Alle Bilder – gleich ob Klangbilder, Sprachbilder, Malereien – provozieren Sprache. Vorgängig »sammeln« sie jedoch Affekte, Gefühle und Stimmungen. Bildnerische Gestaltungen stellen auch hier das »Zwischenglied« zwischen Gefühl und sprachlichem Ausdruck dar. Insbesondere den eigenen, aktiven Gestaltungen, auch wenn diese nicht »künstlerisch wertvoll« sind, kommt dieses Moment zu. Und hiermit sind wir wieder bei unseren Ausgangsüberlegungen, nämlich denen, warum Spielen und schöpferisches Handeln die Ambiguitätstoleranz – für ein dialogfähiges Gewissen, z.B. – erhöht. Wenn Affekte, Stimmungen und Gefühle über das bildnerische Gestalten ihren sprachlichen Aus-Druck finden, dann kann ich mich – im Dialog – ausdrücken, dann führt der innere Druck, der in der Verunsicherung der Wertediskussion Ausdruck verlangt, nicht dazu, daß ich sofort zuschlagen muß – mit der Faust nach dem Faustrecht oder mit dem Gesetz nach unserem Strafgesetzbuch.*

Eine Pro-Vokation, den Dialog an die Stelle des Diktates zu setzen und Ambiguitätsspannungen produktiv aufzuheben, stellte die Dialogpredigt mit Pfarrer Rainer Hertzfeld am 12. 3. 94 in der St. Franziskuskirche in Osnabrück-Dodesheide dar.

Auf Einladung von Pfarrer Hertzfeld waren mehr als 500 Zuhörer zu dem regulären Samstagabend-Gottesdienst gekommen. Thema war: *Gewissen – Schuld – Vergebung.*

Gewissen als Krankheit

Eckhard Schiffer

Es gibt Menschen, die sind gewissenskrank. Ihr Gewissen sagt ihnen ständig: »Du bist nichts, aus dir wird nichts, keiner mag dich, weil du schlecht bist. Was du machst, ist Käse ... Am besten wärst du gar nicht geboren.«

Solche Menschen erscheinen depressiv und in ihrem Selbstwertgefühl gestört. Nicht wenige bringen sich um.

Oder das Gewissen sagt ihnen: »Ob das wohl richtig ist, was du machst? Hast du wirklich auch alles bedacht? Schau lieber noch mal nach! Paß auf! Was hast du schon wieder angestellt! Laß dich nicht gehen! Bleib sauber!«

Solche Menschen entwickeln oft Zwänge, kommen aus dem Kontrollieren, Waschen und Putzen nicht heraus. Oder

* Im übrigen gilt ganz allgemein, daß eine höhere Ambiguitätstoleranz aufgrund einer besseren Verknüpfbarkeit von Affekt-Druck und Sprache die dialogische und damit gewaltärmere Auseinandersetzung fördert.

sie müssen ihre Mitmenschen kontrollieren, ihren Partner und ihre Kinder. Jegliche spontane Lebensfreude ist ihnen verlorengegangen.

Manche Menschen rebellieren unbewußt, wenn ihnen ihr Gewissen sagt: »Du bist nichts wert, du kannst nichts!«

Dann müssen sie sich selbst und den anderen ständig beweisen, wie toll sie sind. Das ist sehr anstrengend. Vor allen Dingen ist es auch wichtig, daß die anderen nicht besser sind. Darum müssen sie sich mit ihren Mitmenschen ständig vergleichen. Erscheinen diese als »besser«, wird deren mehr oder minder offene Entwertung betrieben.

Manche Menschen schlagen in ihrem Protest gegen ihr Gewissen über die Stränge und müssen sich dann selbst bestrafen, um das Gewissen wieder zu beruhigen.

Das Gewissen ist aber auch alkohollöslich. Nur, wenn es wieder auftaucht, schlägt es doppelt zu, dann muß es am besten schnell wieder ersäuft werden.

Unser Gewissen redet oft mit uns so, wie mit uns selber früher geredet worden ist.

Wenn wir nur Befehlsempfänger, nur Knechte oder Mägde waren, so wird dann auch unser Gewissen uns nur als Befehlsempfänger bzw. Befehlsempfängerin anreden. Es wird uns als Diktator oder Großinquisitor gegenüberstehen. Der Großinquisitor aber hat ein Geheimnis, das wußte schon Dostojewski: Der Großinquisitor ist ohne Gott.

Ein Gewissen, das nur Befehl und Gehorsam, aber keine Fragen kennt, ist ein williger Empfänger äußerer Befehle, saugt diese förmlich auf.

Heinrich Himmler, Hitlers oberster Polizist, wird folgender Satz nachgesagt: »Ich habe kein Gewissen, mein Gewissen ist Adolf Hitler.«

Unsere modernen Diktatoren heißen heute nun nicht

mehr oder noch nicht wieder Adolf Hitler. Unsere Diktatoren heißen z.B. Wirtschaftswachstum, Marktgesetz und Wissenschaft.

Der Amerikaner Milgram machte in den 60er Jahren an der Yale-Universität folgendes Experiment: Er erzählte verschiedenen zufällig ausgesuchten Versuchspersonen – Männer und Frauen –, daß sie ein für die wissenschaftliche Erkenntnis wichtiges Experiment leiten sollten. Ihre Aufgabe wäre es, ob und wie unter Bestrafung besser gelernt werde. So sei es deren Aufgabe, verschiedene Examenskandidaten mittels Elektroschocks zu bestrafen, wenn diese auf bestimmte Testfragen nicht die richtigen Antworten gäben.

Diejenigen, die die Schocks gaben, sowie diejenigen, die auf die Fragen zu antworten hatten und ggfs. bestraft werden sollten, waren in verschiedenen Räumen untergebracht und standen nur über Mikrofon und Lautsprecheranlagen miteinander in Kontakt.

Die meisten derjenigen, die die Strafe austeilten, gaben Schocks bis zur Schmerzgrenze und darüber hinaus, obgleich sie die – allerdings nur vorgetäuschten – Schreie der »Bestraften« hörten. Einige waren auch bereit, bis zur Höchstdosis mit wahrscheinlich tödlichem Ausgang zu gehen.

In diesem Experiment waren also diejenigen, die meinten, ein wichtiges wissenschaftliches Experiment durchzuführen, selber die Versuchspersonen gewesen. Fazit: Es zeigte sich, daß die meisten im Namen der Autorität Wissenschaft bereit waren, Gewalttaten auszuüben. Dieses Experiment wurde in Deutschland mehrfach wiederholt, mit Ergebnissen, die noch niederschmetternder waren als die in Amerika.

Weil wir nicht gelernt haben zu widersprechen, einen Eigensinn zu haben, weil wir nicht gelernt haben, an richtiger Stelle ungehorsam zu sein, leiden wir unter unserem Gewissen oder lassen andere darunter leiden.

Und dann gibt es noch die Paradoxie der scheinbaren Gewissenslosigkeit. Manche Menschen handeln gewissenlos, weil sie sich auf der Flucht vor einem besonders brutalen Gewissen befinden.

Ein brutales Gewissen weist zweierlei auf.

Erstens: Eine besonders brutale Gesetzgebung, nach der es richtet, zum Beispiel: »Nur der Tüchtigste überlebt«.

Und zweitens: Ein brutales Gewissen beherbergt einen gnadenlosen inneren Gerichtshof in der Gestalt eines Großinquisitors, der keinen Widerspruch duldet.

Wir sollten daher als Eltern, als Lehrer und auch als Kirche ein Gegenüber fördern, das zur Gegenrede und zum Widerspruch ermutigt wird und kein Thema ausspart, keine Tabus errichtet.

Diktatoren und Großinquisitoren als gewissensformendes und gewissensanforderndes Gegenüber sind weitgehend austauschbar – unabhängig von dem, was sie fordern und verkünden. Es gibt nur eine Möglichkeit, die davor bewahrt, und das ist der Dialog in einer personalen Begegnung von Anfang an. Nur so kann verhindert werden, daß wir an unserem Gewissen erkranken oder andere daran leiden lassen. Die Übergänge von einem brutalen zu einem »normalen« Gewissen sind fließend. So werden wir viel zu oft Opfer

verborgener diktatorischer Strukturen unseres Gewissens. Oder wir lassen andere daran leiden, werden gerade durch unser Gewissen schuldig, ohne es zu wollen.

Zum Gewissen

Pastor Rainer Hertzfeld

Deinen Ausführungen zum Gewissen sei als erstes erwidert, und da wirst du nicht widersprechen: Das Gewissen hat eine unersetzbare Funktion. Es ist Ausdruck der Würde eines jeden einzelnen und steht für die Unvertretbarkeit seiner Verantwortung. Wir haben im letzten keine andere Wahl, als das zu tun, was das Gewissen uns aufträgt. Das Gewissen ist die letzte Norm in der Verantwortbarkeit des Menschen zu Gott. Gott allein kommt ein Urteil zu!

Eine Folge der Aufklärung ist nun die Höherbewertung des Einzelnen (Individuum) im Gegensatz zum gesellschaftlich Gemeinsamen (Humanum).

Die damit gewonnene Freiheit des einzelnen bringt eine größere Verunsicherung mit sich, die sich darin gründet, daß das, was gut und richtig ist, nicht mehr in dem Maße allgemeingültig formuliert werden kann, wie es bisher möglich war.

Der Anspruch einer allgemeingültigen Norm, wie sie die Moral der katholischen Kirche formuliert und formulieren will, wird zunehmend als Bevormundung verstanden.

Die Vorstellung und Forderung nach Gewissensfreiheit und -entscheidung verursacht bei den Gläubigen deshalb große Spannungen, die bis zur Krankheit führen können. Sie spüren zum einen die Einsamkeit der Entscheidung. Zum anderen erleben sie die Formulierung allgemeingültiger

Normen, wie die Kirche sie vorgibt, als Beeinträchtigung der freien Entscheidung.

Einfach formuliert, läßt sich diese Spannung so nennen:

Zum einen wird die freie Gewissensentscheidung gefordert und gewollt, auch von der Kirche.

Doch – hat sich jemand entschieden, evtl. gegen die allgemeingültig formulierte Norm, dann steht er vor der Frage: Durfte ich dies auch wirklich?

Zur Schuld

In einer Gesellschaft, in der zunehmend der einzelne Entscheidungsträger ist, wird auch die Schuldfrage nicht mehr eindeutig formuliert werden können.

Christlich gesprochen, wird der Mensch dort schuldig, wo er sich gegen den Heilswillen Gottes stellt.

Schuldig werden setzt in diesem Verständnis eine Beziehung zu diesem christlichen Gott voraus.

Die Grundlagen unserer gesellschaftlichen Normen und Gesetze basieren auf einem christlichen Verständnis des Menschen. Würde man dies herausfiltern, so müßte unser Grundgesetz, das Strafrecht, Sozialrecht usw. vollkommen neu geschrieben werden. Sich als schuldig erkennen können heißt in unserem Zusammenhang, gegen diese anerkannten Normen unserer Gesellschaft und Gemeinschaft zu verstoßen. Und dies auch noch einmal auf dem Hintergrund der freien Entscheidung. Schuld hat demnach die Freiheit der Entscheidung zur Voraussetzung.

Und nun kommt Jesus und spricht jene Gestalt, die die Pharisäer Sünderin nennen, personal an: Er spricht sie als

»Frau« an und nicht als Sünderin. Jesus stellt das Schubladendenken radikal in Frage, indem er Normen über den Haufen stößt. So gesehen, stellt Jesus an unsere Fähigkeit, Spannungen zu ertragen, hohe Ansprüche (Ambiguitätstoleranz!)

Vergebung

Zunehmend stelle ich fest, daß es keine Kultur der Vergebung mehr zu geben scheint. Jeder scheint allein zu stehen mit seiner Ansicht; und die Andersartigkeit der anderen, wird eher als Angriff denn als Chance verstanden. Die entstandenen Verletzungen und Kränkungen bedürfen aber der Zuwendung des anderen, damit auch in der Realität von Scheitern und Fehlen ein neuer Anfang möglich wird.

Hier – auch in diesem Augenblick – ist die Feier der Wiederversöhnung mit Gott, christlich als die Möglichkeit eines Neubeginns. Und wenn ich die Bibel aufschlage und nachlese, dann finde ich das Wort Gewissen nicht als Schwerpunktthema. Die Schlüsselworte der biblischen Ethik, zumal der neutestamentlichen, sind eher Liebe, Dienen, Hören oder Wort Gottes oder der Geist. Das Gewissen wird nicht übergangen, aber deutlich nüchterner gesehen, als wir es heute gewöhnt sind. Es gilt als durch und durch kreatürliche Größe und als etwas, das der Führung und Erlösung bedarf, das von Gott gereinigt und gut gemacht wird.

Und »kreatürlich« meint schöpferisch, aktiv, beweglich. Und wenn wir christlich vom »lieben« Gott oder guten Vater sprechen, dann widerspricht dieser Sicht eine dogmatisch vorgetragene Moral, die nicht hinterfragt werden darf. Das

ganze Alte Testament ist im Grunde ein solcher Spiegel von diesem Suchen, Fragen, vom Verlieren und Wiederfinden zwischen Gott und den Menschen.

Neutestamentlich ist die Geschichte vom barmherzigen Vater das Paradebeispiel, wie der Mensch, der sich verfehlt hat, bei Gott Aufnahme findet, ja sogar schon von ihm erwartet wird.

Wir dürfen also nicht, und das ist ja auch deine Aussageabsicht, Eckhard, Normen und Gewissensinhalte dogmatisch vorgeben, die nicht mehr hinterfragt werden dürfen. Und wenn ich das mit zwei Beispielen festmachen darf: Mein bester Freund hatte seinem Bischof vor einigen Monaten mitgeteilt, daß er überlegen möchte, ob er noch weiter Priester bleiben möchte oder nicht. Und er muß jetzt erleben, daß man ihm diese Frage übelnimmt. Daß man ihn zwingt, »therapeutische Maßnahmen« wahrzunehmen, wobei es ihm nicht um die Therapie einer Krankheit geht, sondern um *seine* Entscheidung. Oder noch früher und noch näher ran: Vor drei Wochen hat es den für mich sehr tragischen Fall gegeben, daß ein Pfarrer einer Frau die Beerdigung ihres Mannes verweigern wollte, wenn sie nicht vorher zur Beichte käme, um ihm einzugestehen, daß sie seit 30 Jahren mit ihrem Partner in »wilder Ehe« gelebt habe. Für mich sind das solche Beispiele, in denen Fragen verboten wird und ein schlechtes Gewissen erst recht gemacht wird, wo nicht nur der Sinn des Bußsakramentes entstellt wird, sondern auch die Freiheit zum Empfang unmöglich wird.

Der Dialog als Chance

Eckhard Schiffer

Der Dialog ist bei Platon die Methode, philosophische Probleme anschaulich darzustellen. Bei Martin Buber und Gabriel Marcel meint der Dialog die Chance zum einfühlenden Verstehen, die Entfaltung unserer Möglichkeiten zur Teilhabe an einer fremden Lebenswelt – die Chance, trotz möglicher Unterschiede einander näherzukommen, zueinander zu finden!

Wenn ich mir in meinem Menschsein sicher bin, mir selber nicht fremd bin – weil mir nicht durch einen Diktator etwas Fremdes aufgezwungen worden ist – kann ich mich sozusagen auf die dialogische Reise in die mir fremde Welt meines Gegenübers begeben.

Damit ich das kann, bedarf ich einer Vorerfahrung, in der ich dialogisch verstanden und angenommen und nicht nur kommandiert worden bin. Ich bedarf auch der Vorerfahrung, daß ich in meiner Aufsässigkeit, in einem Eigensinn, in meiner Eigenheit ohne Vorleistung akzeptiert worden bin.

Gelingt dies im Alltagsleben nicht, kann es z. B. in einem psychotherapeutischen Dialog nachgeholt werden, jedoch auch in anderen annehmenden Begegnungen.

Ich erwähnte eben den psychotherapeutischen Dialog, aber auch der hat seine Grenzen.

Zum Dialog

Pfarrer Rainer Hertzfeld

Daß ein solcher Dialog notwendig ist, und sich auch Theologie und Psychologie hier ergänzen können, mag folgendes Beispiel zeigen: Sie war ca. 50 Jahre alt, als sie zu uns kam. Beim Streit mit ihrer Freundin um den gemeinsamen Geliebten, sie waren damals 15 oder 16 Jahre, war die Freundin beim Schulausflug in den Bergen abgestürzt und tödlich verunglückt. Sie hatte vieles probiert, um ihr Leiden loszuwerden, das ihr die Lebensqualität genommen hatte: Keine Untersuchung hat Anhaltspunkte gefunden, die ihre Schuld bewies. Kein Gericht hatte sie schuldig gesprochen. Objektiv war sie unschuldig. Und doch meinte sie schuldig zu sein am Tod der Freundin – vielleicht waren da auch unbewußte Motive gewesen, »diese aus dem Weg zu räumen«. Keine Therapie half. Die religiöse Gruppe, der sie ihre Situation schilderte, schloß sie aus. Am Ende ihres Weges kam sie in die Klinik, in der wir seinerzeit gemeinsam arbeiteten. Nach mehreren Hinweisen von dir, Eckhard, kam sie zu mir zum Gespräch. Nach einer Reihe von Gesprächen, die in der Feier der Versöhnung mit Gott endeten, konnte der Widerstand gegen die Therapie beseitigt werden, und sie konnte ihre Therapie erfolgreich zu Ende bringen.

Die anschließende Diskussion mit 70 TeilnehmerInnen leitete und protokollierte Dr. Wolfgang Weig, ärztlicher Direktor des Landeskrankenhauses Osnabrück. Innerhalb dieser Diskussion vermittelte Wolfgang Weig auch eine Möglichkeit, »Gewissen in erster Näherung zu definieren« (s. Anhang unter »Gewissen«). Weiter führte er aus:

»Von den Diskussionsteilnehmern wurde eine Verkürzung des Themas beklagt: Von Schuld und Vergebung sei wenig die Rede gewesen, man vermißte außerdem klare Hinweise, was denn nun unter dem Gewissen zu verstehen und wie denn richtiges Handeln herauszufinden sei. Für mich erschreckend war eine bei einigen Diskutanten zum Ausdruck kommende Rigidität mit stark traditionell geprägten Auffassungen vom Gewissen und vom Lehramt der Katholischen Kirche.

Aus meiner Sicht verbindend und Theologie wie Psychotherapie gleichermaßen bewegend hätte der Ansatz der Freiheit sein können: das befreite Gewissen, das den Menschen Entscheidungs-und Handlungsspielräume schafft, und nicht das beengende Gewissen, wie es in den klinischen Beispielen deutlich wurde.

Nach meinem Empfinden war die Neigung der Diskutanten stark, derartige Beispiele als irrelevant zurückzuweisen (›Wir reden hier nicht von denen im Landeskrankenhaus‹) und zwischen den ›krankhaften Neurotikern‹ und den auf das traditionelle Gewissen angewiesenen Gesunden eine unüberbrückbare Kluft zu konstruieren.

Aus der dialogischen Perspektive schien mir besonders wichtig, daß für das Neue Testament Gewissen und Gesetz keine zentralen Begriffe sind, sondern vielmehr derjenige der Liebe, und gerade die Befreiung von rigiden Moralvorstellungen das Besondere des Christentums ausmacht. Sicher wäre es reizvoll, diesen theologischen Grundsatz mit den Realitäten der Kirchengeschichte zu konfrontieren.«

Zunächst standen also innerhalb der Diskussion die scharfen Attacken im Vordergrund. Im weiteren Verlauf konnten dann jedoch auch die Verunsicherungen, Ängste und Spannungen benannt werden, die sich aus nicht praktikablen Anforderungen der »Kirchenoberen« ergäben. Aus diesem Zusammentragen von Eindrücken, Erinnerungen und Gefühlen heraus entstand ein »Stimmungsbild«, das von den einzelnen Gesprächsteilnehmern aktiv gestaltet wurde. Gleichzeitig, so der Eindruck, wurde aus den in diesem Augenblick in ihren Ängsten eher vereinzelten Gemeindemitgliedern eine lebendige Gemeinde. Innerhalb dieses dialogischen Geschehens wurde die Ambiguitätsspannung in dem »Stimmungs-Bild« gut aufgehoben.

Hier kamen, wenn man so will, der Bindungstrieb und der ihm inhärente Eros – spürbar – zur Entfaltung (s. auch S. 105).

Auch in dem Osnabrücker Kirchenblatt, das vom Bischof herausgegeben wird, stand in der Osterausgabe ein ausgesprochen positiv gehaltener Bericht zu der Dialogpredigt und die darauffolgende Diskussion. Erinnert hat mich diese Abfolge an die »Ästhetischen Brandstiftungen«. Auch hier wurden die aus den Provokationen und Verunsicherungen resultierenden Spannungen dialogisch gut aufgehoben (s. Kap. VIII).

Es ging aber in der St. Franziskusgemeinde im Sinne einer prozeßhaften Eigenbewegung noch weiter. Diese spiegelte sich auch in dem Wunsch der Gemeinde nach einem neuerlichen Gespräch mit Pastor Hertzfeld wider. Zu diesem Gespräch, das acht Tage später stattfand, waren nahezu 100 Gemeindemitglieder erschienen. Die Bereitschaft der »Basis«, eigenständig den Dialog zu wagen, ist offenbar groß. Das mag Folgen haben. Folgen jedoch nicht nur für innerkirchlichen Dialog, sondern auch für andere Formen der »Gesetzgebung«. Vielleicht kommen wir auch dahin, daß wir die Gesetze des Marktes (s. Kap. V) in Frage stellen können. Dies scheint zur Zeit fast noch schwieriger zu sein, als kirchliche Autoritäten in Frage zu stellen.

Unbeschadet dessen ist gerade auch »die« Kirche aufgefordert, ihre eigene Gewaltgeschichte zu reflektieren – d.h. nicht zu »bewältigen« (da steckt wieder Gewalt drin) oder zu verdrängen.

In seinem Buch »Judenmord, Frauenmord, heilige Kirche« (München 1988) schreibt Rudolf Krämer-Badoni: »Noch im scheußlichsten Foltern und Blutvergießen behauptete die Kirche, dem Willen Gottes zu folgen, aus Gottes- und Menschenliebe zu handeln (...) Die Gewaltanwendung der Kirche wuchs und wuchs (...) und sie nahm nur langsam und in dem Maße ab, in dem der weltliche Arm der Kirche sich versagte. Nichts stellte sie von sich aus ab. Die letzte Hexenverbrennung fand 1793 in Posen statt, im letzten Jahr des katholischen Königreichs Polen.«

Unser Gewissen stellt nun nicht bloß eine Ansammlung museal-verstaubter Normen dar, sondern mit dem Gewissen können unsere moralischen Vorfahren auch in ihrer Blutrünstigkeit uns über die »soziale Vererbung« der Gewissensinhalte und Qualitäten unmittelbar und sehr vital ansprechen.* Daher ist unser Gewissen immer schon fragwürdig.

Es geht dabei um eine poietische – d.h. eigengestalterische, schöpferische – Aufsässigkeit gegen Autoritäten oder Scheinautoritäten aller Art, die das Fragen, den Dialog un-

* Erinnert sei an die »Weitergabe« der Introjekte: »Ein Mädchen macht so etwas nicht« (Kap. IV) und »Willst du etwa absteigen?!« (Kap. V).

tergraben wollen, denen funktionierende Rädchen wichtiger als fragende Individuen sind.

Wie aber und wann aufsässig sein und gleichzeitig Gewalt und Gewaltdispositionen mindern, ohne gewalttätig sich selbst oder andere zu zerstören? Darum geht es unter anderem gleich im letzten Kapitel. In diesem Kapitel sollen aber auch noch einmal die Möglichkeiten zur Gewaltminderung, die für das praktische Handeln wichtig sind, zusammenfassend dargestellt werden.

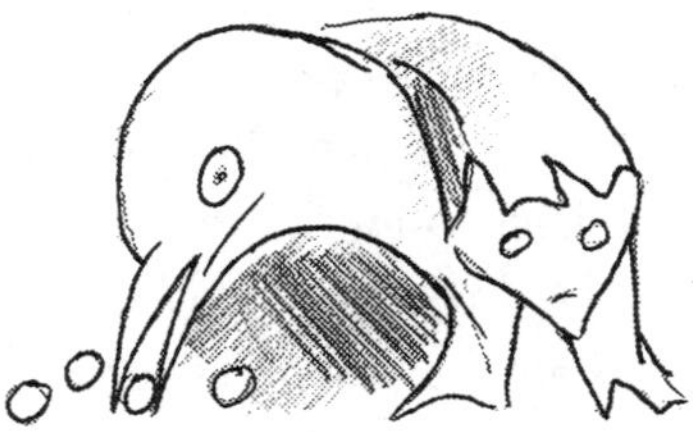

XV
Auf Pegasus' Rücken*

»Nach meiner Auffassung führt das Spielen ganz natürlich zu kultureller Erfahrung und bildet deren eigentliche Grundlage.«

Donald W. Winnicott

Fraglos ist es eine schwierige, in sich widersprüchliche Aufgabe, Menschen wie Hieronymus B. und Erwin L. in ihrer Lebensgeschichte zu verstehen, zumindest dies zu versuchen, und sich gleichzeitig von ihrem gewalttätigen Handeln abzugrenzen. Letzteres hieße gegebenenfalls, auch sich zu schützen. Hier liegt in der Regel auch die »Sollbruchstelle« (E. Natorp-Huesmann) in dem Dialog zwischen Juristen und tiefenpsychologisch oder analytisch orientierten Gutachtern (s. Kap. XII).

Noch schwieriger wird es, wenn es um die Frage geht, wie und mit welchen Mitteln wir uns gegen Gewalt – auch staatliche Gewalt – abgrenzen können. Aufsässigkeit als Gewalt gegen Gewalt, um eben diese zu mindern?

War es gerechtfertigt, daß die Kurden, die schon seit Jahren vergebens mit friedlichen Mitteln gegen die Waffenlieferungen der Bundesrepublik an die Türkei protestiert hatten, im März 1994 die Autobahnen blockierten, Reifen anzün-

---

* Pegasus: Geflügeltes Pferd der Griechischen Sage, sein Hufschlag schuf die Quelle Hippokrene, aus der die Dichter Begeisterung schöpften.

deten und auf diese Weise Autofahrer und Polizisten gefährdeten?

Ist es gerechtfertigt, die Rädelsführer in die Türkei ausweisen zu wollen, unter Inkaufnahme des Risikos, daß sie dort hingerichtet werden?*

---

* Die Kurden werden seit Jahrzehnten in der Türkei, dem Irak, dem Iran und Syrien verfolgt, da sie eine eigene kulturelle, z.T. auch staatliche Identität anstreben. In der Türkei hat diese Auseinandersetzung Bürgerkriegscharakter. Systematisch werden kurdische Dörfer zerstört, dabei werden auch Waffen aus der Bundesrepublik eingesetzt. Mitglieder der »Türkischen Arbeiterpartei« (PKK) sind für Bombenattentate z.B. auf Hotels und touristische Attraktionen verantwortlich, bei denen es Tote und Verletzte gibt. Bei der PKK handelt es sich also um eine Terrororganisation. Offensichtlich vertritt die PKK aber nur eine militante Minderheit der Kurden, innerhalb des breiten politischen Spektrums derer, die eine Eigenidentität anstreben.
Unser Verhältnis zu den Kurden ist voller spannungsgeladener Widersprüche: Türkische MitbürgerInnen wurden in der Bundesrepublik lange Zeit mehr oder minder subtil mißachtet und bedroht. Bei Brandanschlägen kamen jetzt türkische MitbürgerInnen ums Leben. Dennoch kauft der Nato-Partner Türkei in der Bundesrepublik Waffen, mit denen widerum Kurden verfolgt und getötet werden.
Unser Verhältnis zu den Kurden lädt zu einigen Fragen und Überlegungen ein: Wir »gewähren« Asyl einer Ethnie, die um ihre kulturelle Identität ringt und verfolgt ist. Bessert das unsere historische Bilanz auf? »Brauchen« wir die Kurden zu unserer Entlastung? Aber indem die Kurden uns daran erinnern, daß wir, d.h. unser Land, um des Waffenmarktes willen ihre Vernichtung begünstigen, wollen wir sie »ausspucken«. Was war die größere Provokation? Der gewalttätig erzwungene Stillstand deutschen Blechs auf der Autobahn oder das Menetekel der Selbstverbrennung – gedanklich eng verknüpft mit den schaurigsten Aspekten unserer Gewaltgeschichte? Die Provokation der Kurden wirft uns auf uns selbst zurück. Wir kommen uns gefährlich nahe, so daß wir uns unserer Scham, Angst und Aggression gegenüber selbst innerlich abgrenzen müssen, z.B. indem wir erstere verdrängen oder letztere auf andere –

Die Aufschaukelung der gewaltbereiten Stimmung in diesen Märztagen war für mich erschreckend, erschreckender aber noch die mangelnde Bereitschaft vieler Politiker und Journalisten, sich der schwierigen Aufgabe zu stellen, zu verstehen und sich gleichzeitig auch gegen Gewalt abzugrenzen.

Damit ist keine »entschuldigende Haltung« als Vor-Urteil gemeint, sondern der in jedem Fall erforderliche Versuch, Abgrenzung und Verstehen »in ein Verhältnis zu bringen«. Dies ist dann sicherlich ein spannungsgeladenes Geschehen, aber nur darüber werden wir vor neuerlichen Hexenverbrennungen – und sei es in Form der Abschiebungen – bewahrt.

Unsere Kultur des Verstehens und Urteilens ist häufig noch zu schwach entwickelt. Hinzu kommt, daß wir um so weniger in der Lage sind zu verstehen, je mehr wir uns bewußt oder unbewußt bedroht fühlen. Das Abgrenzen – psychisch und gegebenenfalls auch physisch – steht dann im Vordergrund. Der Bindungstrieb hat dann über das Verstehen kaum eine Chance.

---

in dem Fall die Kurden – projizieren. So wie unser Selbstverständnis an der inneren Selbstabgrenzung sein Ende findet, endet auch abrupt unser Verständnis an der Abgrenzung gegenüber der Provokation und Gewalt der Kurden. Verstehen bzw. Noch-Verstehen und Abgrenzung fallen auseinander. Das Verstehen geht nicht mehr in das abgrenzende Urteil ein. So wird aus dem Abgrenzen ein Ausspucken, ein Ausstoßen … Ausrotten.

Gibt es Möglichkeiten, eine Kultur des Verstehens und Urteilens zu fördern?

Ich glaube ja. In den Kap. I–IX ist schon manches dazu – allerdings eher beiläufig – gesagt worden. Vor allem ging es hierbei um das Verstehen.

Aus der Sicht des Kindes besteht eine primäre Erwartungshaltung, verstanden zu werden, z. B.

- indem das Kind sich in sein Spiel (play) verliert und dabei respektiert werden möchte;
- indem es seine schöpferischen Produktionen zeigt und dabei gesehen, akzeptiert werden möchte;
- indem es seinen Aufsatz abgibt und in seiner Sprache gehört und angenommen werden möchte.

Wenn wir als Erwachsene auf diese Erwartungshaltung eingehen können, läßt dies den »Eros« eines sensus communis aufblühen, der das Verstehen anderer ermöglicht.

Bis zur Entfaltung des sensus communis sind Urteile – insbesondere als Schulnoten – vom Spielen und schöpferischen Gestalten im Interesse einer Kultur des Verstehens und Urteilens also fernzuhalten. Äußerungen wie:

- Was soll der Quatsch?
- So sieht das aber nicht gut aus!
- Das hast du heute ausnahmsweise (!) aber mal gut gemacht,

behindern ebenfalls eine solche Kultur.

Aber fördern wir auf diese Weise nicht Illusionen? Wird

die Enttäuschung, wenn Noten und Beurteilungen unvermeidlich sind, nicht um so grausamer ausfallen?

Mit großer Wahrscheinlichkeit nicht, sofern ein fair play möglich ist: Im Spielen, im »Raufen mit dem Objekt« werden allmählich auch Desillusionierungen und wirklichkeitsgerechte Einschätzungen der eigenen Talente möglich: Meine Spielgefährten laufen schneller, ausdauernder als ich, klettern gewandter, gehen geschickter mit dem Ball um usw.

Solche Desillusionierungen sind weniger kränkend und destruktiv als z.B. die Ziffernnoten in den schöpferischen Fächern, d.h. Bewertungen des Produktes, weil der Prozeß, das Spielerlebnis selbst, das Sich-Verlieren im Spiel gleich dreierlei mit sich bringt:

1. Eine Distanzierung vom Selbst im Spielprozeß. Wenn ich mich im Spiel verliere, ist die Reflexion meiner selbst vermindert, d.h. der Vergleich mit dem Du weniger hautnah, weniger schmerzhaft.
2. Eine kränkende Erfahrung im Raufen mit dem Objekt wird durch den Spaß, die positiven Gefühle, die mit dem Spielgeschehen verknüpft sind, sofort gemildert. Die negative Erfahrung meiner Unterlegenheit wird durch andere positive Erfahrungen gleich abgepuffert.
3. Spielen im Sinne des fair play schließt auch gleichzeitig so etwas wie eine »holding-function«, ein Gehaltensein, eher noch ein Getragensein mit ein. Die Gruppe der Mitspielenden insgesamt hat eine bergende, gleichsam mütterliche Funktion, über die ebenfalls Kränkungserlebnisse leichter verarbeitet werden.

Spielend werden also Desillusionierungen hinsichtlich der eigenen Möglichkeiten wahrgenommen und als wirklichkeitsnahes Urteil in das Selbstbewußtsein einbezogen, ohne daß dieses größeren und überdauernden Schaden erleidet.

Spätere unvermeidbare Desillusionierungen in der Rauhigkeit der Erwachsenenwelt werden dann als weniger katastrophal erlebt.

Wie aber das Urteil als unvermeidliches soziales Regulativ an die Welt des Verstehens anbinden?

Am ehesten doch über das Verstehen dessen, daß Urteile notwendig sind. Gleichzeitig wird aber auch eine Unterstützung bei den aus diesen Verstehensbemühungen heraus resultierenden innerseelischen Konflikten erforderlich sein (s.a. Kap. X–XII).

Kinder sind an Normen, also auch an Urteilen über das, was als gut oder schlecht zu gelten hat, stark interessiert – gegebenenfalls über die probeweise Identifizierung mit dem »Bösen«.* Märchen – als erzählte oder vorgelesene und nicht nur über den Kassettenrecorder präsentiert – können z.B. Normen »zum Probieren« ermitteln. Allerdings gilt es zu erkennen, wann diese Märchen – ein großer Teil der Grimmschen Märchen gehört dazu – im Sinne einer repressiven Moral bearbeitet worden sind.

Ein typisches Beispiel hierfür ist das »Marienkind«**. Hier werden kindlich-sexuelle Neugierde, Erkundungslust sowie Eigensinn und Widerspruch aufs übelste moralisch

* So mag auch manche kindliche Provokation auf ein Interesse an einer moralischen Stellungnahme der Erwachsenen verweisen.

** Zusammenfassung: Das Marienkind wird – weil die Eltern zu arm sind – von der Mutter-Gottes persönlich im Paradies betreut. Gegen das Verbot der Mutter-Gottes öffnet das Marienkind eine goldene Tür im Paradies, als die Mutter-Gottes einmal abwesend ist. Das Marienkind behält von seinem verbotswidrigen Handeln einen vergoldeten Daumen zurück. Auf eindringliches Befragen leugnet es die »Tat« und wird dafür schwer bestraft. Erst nachdem das Marienkind gestanden hat, wird es für ein glückliches Leben erlöst.

diffamiert. Dennoch ist eine solche Geschichte zum Vorlesen geeignet, wenn die Kinder die Chance haben, darüber zu reden und etwas »doof« finden zu können.

Für die Urteile als Normen-Findung gilt also, diese dialogisch zu vermitteln – eben beim Geschichtenerzählen und Vorlesen, und auch, indem wir als Erwachsene Stellung beziehen und uns bezüglich unseres eigenen Verhaltens befragen lassen.

Aufsässige Geschichten können als Erprobungsfelder für das eigene Verhalten in der Phantasie genutzt werden. Es müssen nicht so lange Geschichten sein wie »Felix der Sternenkleber«. Genauso sind auch kurze Geschichten geeignet, zu denen noch ein paar Einfälle, Phantasien, Bilder, Erinnerungen zwischen ErzählerIn und ZuhörerIn ausgetauscht werden können.

Wenn das Erzählen im Elternhaus nicht möglich ist, weil die Eltern abwesend oder vor dem Fernseher verstummt sind, dann ist das Erzählen im Kindergarten und der Schule um so wichtiger (– was nicht heißt, daß Eltern nicht immer wieder aufgefordert sind, im Gespräch ihren Kindern zu begegnen).

Grundsätzlich also gilt es, den »ansteckenden« Dialog im Schulalltag zu pflegen – nicht nur das Fressen und Verdauen von Informationen, Fakten, Methoden und Regeln.

Für die Ermutigung, sich dialogisch äußern zu können, stellt auch die Aufsatzerziehung ab dem 3. Schuljahr ein wichtiges Moment dar. Die ersten spontanen schriftlichen Artikulationen sind – wie schon gesagt – in ihrer schöpferischen Qualität zu achten und zu fördern. Von daher sind hier normierende Noten Nötigungen, die die Dialogbereitschaft über eben diese normierenden Urteile mindern.

Hans-Ludwig Freese stellt die These auf: Kinder sind Phi-

losophen.* In seinen Seminaren vermittelt sich durch die Berichte von Lehrerinnen und Lehrern in eindrucksvoller Weise das Bedürfnis der Kinder, über die Notwendigkeit, aber auch Fragwürdigkeit normierender Urteile nachzudenken.

Innerhalb solcher Gespräche könnte auch die Problematik von Leistungsurteilen – sprich (Schul-)Noten – diskutiert werden. Das provozierende Gleichnis von den Arbeitern im Weinberg wäre hierfür vielleicht ein guter Einstieg.

Wenn Klaus-Jürgen Tillmann »Leistung fördern« als Möglichkeit ansieht, Gewalt in der Schule zu verhindern, weil »der Zusammenhang zwischen Schulversagen und Auftreten aggressiver und gewalttätiger Handlungen besonders eindeutig (ist)«**, so beleuchtet er damit nur die eine Seite der Medaille. Deren andere meint seelisches Wohlbefinden und Ausgeglichenheit jenseits von Leistung und guter Be-Urteilung. Dies führt zwar nicht zur Abschaffung, aber zur Relativierung unseres in mancher Hinsicht problematischen Leistungsdenkens (s. Kap. V). Jenes aber verschärft angesichts geschmälerter Zukunftserwartungen die Konkurrenzmentalität bis zu gewalttätigen Entladungen hin.

Auch stößt Leistungsförderung zwangsläufig auf ihre

---

* Hans-Ludwig Freese, »Kinder sind Philosophen«, Weinheim/Berlin: Beltz Quadriga, 4. Aufl. 1992.

** Frankfurter Rundschau 15. 3. 1994

Grenzen. Und wenn in dieser Situation gerade für das männliche Selbstbewußtsein keine anderen Inhalte und Werte zur Verfügung stehen, dann kann die Darstellung von »Leistungsfähigkeit« über Körperstärke und Pferdestärken-Protzerei eine Wendung nehmen, die genau zu dem Gegenteil dessen führt, was ursprünglich durch Leistungsförderung angestrebt worden war. Die »Rambos« haben wir nicht gewollt. Wir züchten sie aber auf diese Weise immer wieder neu heran.

Die andere Seite der Medaille hingegen hieße Förderung des sensus communis (s. Kap. VI). Nur ein sensus communis kann das Konkurrenzdenken mildern, läßt das Gegenüber antlitzhaft jenseits des bloßen Konkurrenten erkennbar werden (s. Kap. III).

Jedes erfolgreiche soziale »Training« – das Tillmann auch für die Schule fordert – gründet auf einem ausreichend entfalteten sensus communis. Und eben dieser steht in der Entwicklungsfolge: play – fair play.

Als auf Vorschlag des Komitees zur Verbesserung des Schulklimas am Quakenbrücker Gymnasium (s. a. S. 50) SchülerInnen und LehrerInnen sich zusammenfanden, um gemeinsam im Rahmen zusätzlicher Projekttage die Klassen, Aufenthalts- und Pausenräume sowie den Schulhof zu verschönern, bestand das Hauptproblem zunächst darin, daß eine Minderheit von SchülerInnen und LehrerInnen eben nicht mitspielte, d. h. sich »abseilte«, schwänzte. Dem stand jedoch eine geradezu ansteckende Begeisterung der anderen gegenüber, die sich an folgenden Momenten festmachen ließ:

– Die SchülerInnen konnten aktiv etwas gestalten, was sie selbst gemeinsam entworfen hatten.

  Z. B. Riesen-Brettspiele, die auf die Betonplatten des Schulhofs gemalt wurden.

Z. B. Bilder auf metergroße Hartfaserplatten, die an die Wände geschraubt wurden (wobei diese Lösung, besonders bei eigenwilligen Bildern den Vorteil mit sich brachte, daß folgenden Schülergenerationen nicht die Möglichkeit verbaut wurde, andere Entwürfe umzusetzen; zudem war dies die Voraussetzung, daß der Landkreis als Träger der Schule »mitspielte«).

- Die Schule wurde so zur eigenen Schule, für die ein gemeinsames Interesse gestärkt wurde, willkürlichen Sachbeschädigungen entgegenzuwirken.
- Im gemeinsamen Gestalten mit den LehrerInnen entstand ein Freiraum, in dem das hierarchische Gefälle aufgehoben wurde, ohne daß dies aufgesetzt wirkte. Hier konnte sich auch der Bindungstrieb entfalten: Bewunderung für die Lehrer und LehrerInnen, die sich handwerklich geschickt erwiesen, Sympathie für die weniger darin bewanderten, die sich aber dennoch abmühten.

Ob es beim sozialen Verhalten bloß mit dessen »Training« getan ist, möchte ich bezweifeln, dazu liegt Training zu sehr in der Nähe von Dressur und Introjektbildung. Letztere fördert dann gerade auch kein dialogfähiges Gewissen.

Wesentlich erscheinen vor allem geeignete Freiräume, in denen wie bei den Projekttagen der sensus communis sich selbstverstärkend entfalten kann, so daß schließlich immer mehr mitspielen. Es gab dann sogar einige Eltern, die sich von diesem Geschehen anstecken ließen und nach ihrem Vermögen mitmachten.

Im sensus communis sind dann auch die an diesem Kapitelanfang genannten Widersprüche von Verstehen und Urteilen gut aufgehoben. Erziehung, die darauf abstellt, kann allemal nur – um eine begriffliche Anleihe bei Schiller zu machen – eine »ästhetische Erziehung« sein.

Erforderlich hierfür sind Freiräume:
- zum Innehalten und Verweilen,
- zum Wahrnehmen aller Sinneseindrücke, Phantasien, Gedanken, Stimmungen und Affekte,
- für den eigenen Ausdruck, das eigene Gestalten, das selbstbestimmte Spielen,
- das Gesehen- und Akzeptiertwerden ohne Leistungsnachweis und ohne Beurteilungen,
- das gemeinsame Spielen.

Über diese Freiräume mag ein Weg zu dem führen, was noch keinen Ort – ou topos – hat, zu einer Utopie von Gewaltverringerung ohne Gewaltanwendung.

Der Fortschritt dorthin ist jedoch kein maschinenförmiger Gleichschritt, sondern eher ein Tanzen.

Auch mal ein Aus-der-Reihe-Tanzen.

Epilog

Als wir uns mit Claus Koch am 16. Mai 1994 zur Schlußredaktion für dieses Buch trafen, offenbarte sich gerade in vollem Umfange das Elend um die rassistische Menschenhatz jugendlicher Skinheads in Magdeburg am Himmelfahrtstag 1994.

Häßlich-abstoßend scheinende Noch-Kinder betrieben ein perverses Spiel ohne Gnade. Der Chef der Ordnungsbehörde sah darin – laut taz vom 21.5.1994 – »nichts Außergewöhnliches«. Staatliche Institutionen waren wie gelähmt. Zu einer Gegendemonstration erschienen gerade 600 Teilnehmer.

Die taz kommentierte: »Die Beteiligten (Behörden, E.S.) selbst nähren mit ihrem eigenen Verhalten den fürchterlichsten Verdacht, daß sie selbst Sympathien mit den Tätern hegen.«

Aber gibt es nicht noch einen fürchterlicheren Verdacht? Verweist die Zwiespältigkeit gegenüber den mordbereiten Kindern nicht zugleich auf die Mordbereitschaft gegenüber allen denen, die lästig sind, stören – Alte, Ausländer, Kinder?

Wie viele Kinder, die körperlich unversehrt überleben,

- weil sie nicht zu den Zehntausenden gehören, die schwere und schwerste Mißhandlungen erleiden,
- nicht – überproportional – zu den Toten und Verstümmelten im Straßenverkehr zählen,
- nicht schon als Embryonen und Säuglinge mit Emissionen aller Art, Herbiziden, Pestiziden und Insektiziden traktiert werden,

erleben dann noch, daß sie gewollt sind und mit ihren eigenen Bedürfnissen begrüßt werden?*

Gewollt und begrüßt werden von den Eltern,
den Nachbarn,
den Hausvermietern,
den Architekten,
den Straßenbauern,
den Städteplanern,
den Steuerzahlern (die auch einmal Rentenempfänger werden).

Wenn es Hieronymus Bosch darum ging, das Unsichtbare sichtbar zu machen, den Menschen so zu zeigen, wie er ist, welche Szenen würde er heute malen? Eine Elterngeneration, die ihre Kinder vergiftet, überfährt, »entsorgt« – aus welchen Motiven auch immer?

Das Thema Infantizid (Kindestötung) ist nicht unbekannt: Bevor in dem griechischen Mythos Ödipus seinen Vater, König Laius, erschlug, hatte eben dieser seinen Sohn Ödipus ausgesetzt ...

Und es waren immer schon vor allem die Väter, die ihre Söhne in den Krieg schickten – aber was für ein Schicksal mögen diejenigen als Kinder und Jugendliche erlitten haben, die als Väter dann ihre eigenen Kinder opferten?

Würde Hieronymus Bosch heute seine Gestalten als kindliche Monstren darstellen, die trotz ihrer Eltern überlebt

---

* Nicht unerwähnt bleiben können in diesem Zusammenhang die 350000 Abtreibungen pro Jahr in der Bundesrepublik. Für diese wäre jedoch eine eigene Motivanalyse erforderlich, die sich beispielsweise auf eine soziale Zwangslage bezieht. Gleichzeitig ist diese Zahl aber auch als Symptom der untergründigen Angst vieler Frauen und Männer zu verstehen, Kinder und sich selbst mit Kindern dieser Welt auszuliefern und dabei auch Verantwortung zu übernehmen.

haben, und diesen nun pubertär wiederbegegnen? Gemeint sind Kinder, die teils massiv provozierend, teils identifiziert, das vollstrecken, was den Eltern sowieso schon vorschwebte: Xenozid (Fremdenvernichtung) und Senizid (Altenvernichtung).

Herbizid – Pestizid – Insektizid – Infantizid – Xenozid – Senizid … weg mit dem, was uns behindert und was unnütz frißt?

Die Dimension eines solchen Grauens mit der völligen Niederlage der Himmelsmacht Eros wäre Hieronymus Bosch wahrscheinlich nicht fremd gewesen. Sie war auch meinem Patienten Hieronymus B. nicht fremd. Nur unter Qualen und Mühe konnte er den destruktiven väterlichen Wegweisungen entkommen.

Wie aber solche Gestalten des Grauens darstellen? Das, was unsere tägliche mediale Bildererfahrung mit sich bringt, hat längst zur Entwirklichung der Bilder geführt. Unsere Abwehr bewirkt eine De-Realisation, eine Veränderung unserer Wahrnehmung. Es handelt sich hierbei um einen seelischen Abwehrvorgang, der als Notbremse wirkt, um uns im Grauen überleben zu lassen.

Wie also würde Hieronymus Bosch malen?

Vermutlich weniger gegenständlich-konkret, als um die Grundvorgänge unserer Wahrnehmungsfähigkeit einschließlich der dazugehörigen Gefühle und inneren Bilder bemüht. Eine solche Kunsterfahrung – und damit auch jede eigene schöpferische Produktion – erweist sich als Chance für unsere Wahrnehmungsfähigkeit, läßt unsere Sinne einschließlich sensus communis wieder erwachen.

Und eben diesen sensus communis gilt es zu fördern – auf welchem Wege auch immer!

Mehr Liebe zu ihren Kindern läßt sich keiner Elterngeneration kommandieren. Die leiblichen, bzw. unmittelbar verantwortlichen Eltern entfalten sowieso schon die Liebe, die ihnen jeweils möglich ist. Diese darin solidarisch zu unterstützen und zu fördern meint gerade auch sensus communis einer Gesellschaft. Und hierfür gilt es »flächendeckende« Freiräume zur Annahme der Kinder im Spielen zu fordern und einzurichten.

In einem positiven Zirkelschluß könnten Kinder, die die Himmelsmacht Eros im Spielen erfahren haben, dann später auch als solidarische Mit-Eltern in der Gesellschaft einen sensus communis entfalten – und zwar ihren früheren Spielgefährten gegenüber, die nun selber Eltern von spielbedürftigen Kindern geworden sind. Der Begriff von Gesellschaft bliebe auf diese Weise weniger abstrakt und sinnentleert.

Die Chance der Kinder und der Eltern liegt im Spielen. Das gilt auch für die »peer-group«, die Gruppe der Gleichaltrigen, die in der Pubertät Halt und Widerlager für die Rebellion gegen die Eltern ermöglicht. Sofern die »peer-group« das fair play kennt – in Magdeburg war das eben nicht der Fall –, könnte diese ein wesentliches Korrektiv für den sensus communis darstellen.

Und hier zeigt sich auch die Chance für eine List: Das Spielen liegt der »Verfassung einer hedonistischen (nur an Lust und Freude orientierten, E.S.) Massendemokratie« (Hubert Speidel) sicherlich näher als die Vision von Askese, die Hieronymus Bosch zur Erlösung einer in sündiger Lust und Gewalt zerfallenden Gesellschaft bildnerisch thematisierte.

Askese, Verzicht, weniger gnadenloser Konsum und damit auch weniger beherrschende Marktgesetze werden vielleicht möglich sein, wenn wir wieder mehr von innen heraus empfinden können und die äußere Welt uns weniger entwirklicht erscheint. Gemeint ist aber damit nicht ein Rückzug von der Welt, wie ihn Hieronymus Bosch in seinem Bild »Die Versuchung des heiligen Antonius« aufzeigt, sondern eine Begegnung mit der Welt aus einem sensus communis/common sense heraus.

In dessen Sphäre kann über das Spielen ein Eros in Freiheit gesetzt werden, der das Gegenüber, das Du dann wieder antlitzhaft erscheinen läßt.

Danksagung

An der inhaltlichen Gestaltung sowie der technischen Verwirklichung dieses Buches haben sich viele beteiligt, denen ich großen Dank schulde.

Heidrun Schiffer, meine Frau, ermöglichte mir mit ihren pädagogischen Erfahrungen immer wieder den Brückenschlag von der psychotherapeutischen Medizin zur Pädagogik. Sie begleitete mich stets mit anregenden, kritischen und phantasievollen Gesprächen.

Für die Erfahrungen mit Gewaltproblemen von Patienten stellte natürlich der Einsatz der Mitarbeiterinnen und Mitarbeiter unserer Abteilung für Psychotherapeutische und Psychosomatische Medizin am Christlichen Krankenhaus Quakenbrück die entscheidende Voraussetzung dar. Namentlich genannt seien aus dem Team Frau Silvia Linnemann, Frau Anke Wittig sowie Frau Karin Bosse, die mit Sorgfalt und Geduld den Text am reichlich tückischen Schreibcomputer – neben dem Krisentelefon – anfertigten.

Dank gilt auch Jan-Reent Schiffer, Köln, der mit schöpferischem Blick für die photographischen Arbeiten die Dinge ins rechte Licht zu setzen wußte.

Kritische Lektüre des Gesamtmanuskriptes, anregende Diskussion und ergänzende, wertvolle Hinweise verdanke ich Paul Gärtner, Quakenbrück; Hans-Dieter Smekal, Theene-Aurich; sowie Rudolf Süsske, Quakenbrück und Helgard und Ulrich Weiß, Lengerich/Westfalen. Es war auch diesmal eine produktive Rauferei.

Genannt sei auch Claus Koch vom Quadriga Verlag, der dieses Buch mit dem ihm eigenen Schwung von Anfang an unterstützte.

Juli 1994
Christliches Krankenhaus
49602 Quakenbrück

Anhang

1. Freiheit und Nötigung – dazwischen der Spiel-Raum

von Rudolf Süsske

Die Gegenüberstellung von aktiver Gestaltung und passivem Erleiden könnte uns leicht zu einer abstrakten Aufspaltung von Freiheit und Determination/Zwang verführen: hier das Ich freier Spontaneität (Gestaltung), dort die Welt, Menschen und Dinge, die unsere Freiheit beeinträchtigen. Es gibt jedoch ein Kontinuum zwischen Aktivität und Passivität, einen »Spielraum«, dem wir uns meditativ zuwenden wollen.

Unser tätiges, sprechendes, spielendes Ich lebt und erlebt sich in seinem Leib-Körper. Der Leib – folgen wir gleich mal dem Begriff – ist ein merkwürdiges Ding. »Ding«? – da stutzen wir schon, sofern er nicht ganz von außen als »Körper unter Körpern« begriffen, sondern als »Ich« in der ersten Person Singular »gelebt« und »erlebt« wird. In welcher Beziehung stehen eigentlich Ich und »mein« Leib? Z.B.: Ich bin ich, und meine Hand ist meine Hand; ich selbst bin es doch, der nach dem Kuchenstück greift. Andererseits: das Kind bestraft das »böse Händchen«, das genascht hat. Die Hand des anderen ist seine Hand, nicht meine, bei jener scheint es klar: sie ist Teil der Außenwelt, bei meiner eigenen melden sich leise Zweifel. Aber nein! Ich sehe sie doch, wie ich das Kuchenstück sehe, dort »draußen« – betrachte sie, verfolge die Handlinien, ihre Form und Färbung. Die mir so vertraute Hand entfremdet sich zusehends. Unwillkürlich bewege ich sie, spiele mit den Fingern – da ist sie wieder in ihrer ganzen selbstverständlichen Vertrautheit. Ich bewege sie, indem ich mich bewege. Das Sich-bewegen-Können ist die ursprünglichste Form, wie ich meinen Körper »habe« und mein Leib »bin«. Im »Wohlbefinden« stehen Ich und Leib sich ganz nahe, ich fühle mich leicht, die Handgriffe »gehen wie von selbst«, in der Freude könnte ich schwerelos durch den Raum tanzen.

Im »Mißbefinden« lastet der Leibkörper auf mir, er widerstreitet meinen Absichten, ich kann mich nicht mehr auf den Beinen halten, der Griff geht fehl. Die bislang stumm, meinem Ich fern, im Verborgenen arbeitenden »Organe« melden sich in ihrer schmerzhaft archaischen Sprache zu Wort.

Doch das Körperhafte meines Leibes macht es mir erst möglich, mich – im wörtlichsten Sinne – zu verwirklichen. Pläne und Gedanken, meine Wünsche und Intentionen werden durch den tätigen, spielenden und sprechenden Leib »zur Welt gebracht«: ver-wirklicht. Durch den empfindend-beweglichen Leib reicht mein Wille in die Welt der Dinge und ihrer Verhältnisse hinein, weil der Leib sich in seiner Körperhaftigkeit den Dingen anzuverwandeln vermag. Er ist des Ichs listiger Freund, der sich als Ding unter Dingen gibt. Er macht uns mit der Härte des Steines, der Farbe der Landschaft, der Würze des Weines, der Welt des Sichtbaren, Hörbaren, Tast-, Riech- und Schmeckbaren vertraut. Seine eigene Beweglichkeit erkundet den Gang der Dinge, ihre kausale Verknüpfung. Die Rundheit der Kugel vermag ich nur zu »begreifen«, weil sie sich ursprünglich einmal in der Höhlung meiner Hand – im Greifen – wiederfand. Die Widerständigkeit der Härte des Steines und die Nachgiebigkeit des Tons erfahre ich nur, weil meine Hand selbst widerständig und nachgiebig ist. Unsere Sprache hilft uns hier im Verständnis: In den Worten »sehen«, »hören«, »tasten«, aber auch »greifen«, »bewegen« usw. bekundet sich das Aktivische unseres Ichs, es sind Verben. Sehen, hören, tasten, greifen kann ich aber nur, weil es eine »sichtbare«, »hörbare«, »greifbare«/»be-greifbare« Welt gibt. Diese Welt hat eine Physiognomie vielfältiger Eigenschaften sprachlich in Adjektive gefaßt. Beide Formen verweisen aufeinander. Im Spiel mit den Dingen erfährt das Kind sich selbst und in seinem Vermögen (tätig) die Welt in ihrer Eigenschaftlichkeit und Widerständigkeit.

Sprachlich gibt es für diese zweideutige Struktur ebenfalls eine Entsprechung: wir sind »sehend«, »hörend«, »tastend«, »greifend«, dies sind »adverbiale Bestimmungen«, die eigenschaftlich verkörperte, »ver-leiblichte« Tätigkeiten kennzeichnen.

Der Leib-Körper, in sich in »Sinnesfelder« differenziert, ist mit der Welt auf je verschiedene Weise verschwistert: Tasten kann ich nur das Glatte, Rauhe, Widerständige; sehen nur das Farbige, Helle, Dunkle. Und doch »scheint das Dunkle zum Greifen nah«. Es gibt ein Zusammenspiel der Felder, eine Einheit in der Unterschiedenheit. Farben sind kalt, Töne hell, der Wein nicht nur »trocken«, auch schmeckt er »stumpf«, d. h. das Zusammenspiel der Sinne – die »Synästhesie« – ermöglicht auch Stellvertretung, aber eine »mit beschränkter Haftung«.

Was für die Sinnlichkeit gilt, betrifft auch die Bewegung, das Sich-Bewegen, keines ist ohne das andere denkbar: ohne das Gleiten erfahre ich keine Glätte. Vieles wäre hier noch zu sagen, und dennoch befinden wir uns hier erst an der Basis des Bezuges von Ich, Leib und Welt. Jede dieser Erfahrungen ist in einen situativen und imaginierten Horizont verwoben, der es einem spielenden Kind z. B. erlaubt, »Lederstrumpf« zu sein: der Vorgarten wird zur kanadischen Steppe, der Stock zur »Donnerbüchse«, späterhin wird er vielleicht zur »Angel«, am Ende des Spiels wieder zum bloßen Stock, der achtlos in der Ecke liegt. Gleichwohl bedarf es des Stocks, eine Schnur kann kein »Flitzebogen« sein. Die Dinge laden mit ihren Anmutungsqualitäten ein, sie determinieren nichts, entziehen sich aber auch der absoluten Willkür: sie geben uns – wie gesagt – einen »Spielraum«.

2. *Gewalt*

Als Gewalt soll hier (in Anlehnung an Udo Rauchfleisch, »Allgegenwart von Gewalt«, 1992) eine besondere Form der Aggression bezeichnet werden, welche die Schädigung von Menschen oder Gegenständen zum Ziel hat.

Die Aggression ist eine den Menschen angeborene Kraft, die sich aus dem Aggressionstrieb des Tieres herleitet. Diese spontan sich darstellende Kraft kann sich sowohl in konstruktiver als auch zerstörerischer Weise entwickeln und zur Geltung kommen. Hierfür sind frühkindliche Beziehungserfahrungen, die verinnerlicht worden sind, entscheidend. Diese bestimmen das Selbstwertgefühl, das Gewissen und die Fähigkeit des Ich, einsichtsgemäß zu handeln. Auch die innere Bilderwelt – unsere Vorstellungen von uns selbst sowie den (Menschen als) »Objekten« – und die daraus resultierende Fähigkeit oder Neigung, bestimmten Menschen gegenüber freundschaftliche oder feindschaftliche Gefühle zu hegen, wird davon bestimmt.

Wesentlich sind aber auch die aktuellen sozialen, weltanschaulichen und politischen Einflüsse.

Der Mensch bleibt bis ins hohe Alter zur destruktiven Gewaltbereitschaft hin manipulierbar.

Strukturelle Gewalt:

Das Gewaltmonopol wurde im Laufe der Geschichte dem Staat und seinen Institutionen übertragen. Das führte dazu, daß sich der Einzelne im täglichen Leben hinsichtlich handgreiflicher Gefahren weniger bedroht fühlen muß. Die anonyme Gefährdung durch Atomkraftwerke, Umweltzerstörung und Massenvernichtungsmittel habe jedoch gleichzeitig zugenommen, so Thea Bauriedl. Dieser ständigen Bedrohung sei jeder einzelne mehr oder weniger hilflos ausgeliefert: Da die meisten Menschen das Wissen um diese ständige Bedrohung nicht ertragen können, wird es weitgehend aus dem Bewußtsein verdrängt. Weil nicht sein kann, was nicht sein darf, glauben sie lieber an die Sicherheit im Rechtsstaat, der Durchbrüche von Gewalt »ordentlich« bestraft. Die psychischen Auswirkungen dieser ständigen Bedrohung durch eine anonyme Gewalt und ihrer Verdrängung wurden bisher nur sehr wenig untersucht.

Johan Galtung, geb. 1930 in Oslo, definierte die von einem Herrschaftssystem ausgehenden Zwänge für das Individuum – auch in einer Demokratie – als Formen struktureller Gewalt. In der »Gewaltkommission«, die durch den Beschluß der Bundesregierung am 16.4.1987 eingesetzt worden war und einen Katalog von Gewaltursachen sowie Verminderungsmöglichkeiten von Gewalt erarbeitete, ist die strukturelle Gewalt ausdrücklich ausgeklammert worden. Ausgeklammert wurde auch »die psychisch vermittelte Gewalt im Straßenverkehr«.

Hinsichtlich der strukturellen Gewalt wurde von einer »sogenannten« strukturellen Gewalt gesprochen, die (bloß, E. S.) eine optimale menschliche Entfaltung behindere.

Die Fragwürdigkeit einer solchen Auslegung von struktureller Gewalt verdeutlicht sich z.B. in der »Mainzer Erklärung« der MinisterpräsidentInnen der Länder vom 29.10.1993, innerhalb derer festgehalten wird, wie das Bildungssystem in der BRD verändert werden soll.

Angestrebt wird eine drastische Verkürzung der Studienzeit. Ein Studienfachwechsel soll durch Studiengebühren oder eingeschränkte Zulassungen verhindert werden. Bei Überschreiten der Regelstudienzeit von zwei Semestern sollen ebenfalls Studiengebühren erhoben werden. Nach weiteren zwei Semestern soll dann die Zwangsexmatrikulation erfolgen. Da angesichts der geplanten Kürzungen der BAFöG-Gelder noch mehr StudentInnen darauf angewiesen sind, auch während der Studienzeit zu arbeiten, bedeutet das Zusammenfallen von Studienverkürzung und Stipendien-Kürzung nicht nur eine massive Erhöhung des Leistungsdruckes, sondern für Kinder aus ärmeren Elternhäusern eventuell auch den Abbruch des Studiums.

Was als Gewalt definiert wird, zeigt sich als abhängig von dem Standpunkt, von dem aus definiert wird. Stellt ein erzwungener Studienabbruch nur eine »Verhinderung optimaler Entwicklungsmöglichkeiten« oder schon Gewalt dar? Was von beidem gilt für die Ausweisung von Asylbewerbern in – sogenannte – sichere Drittländer?

Ohne strukturelle Gewalt wird allerdings eine heutige Demokratie nicht bestehen können. Sie würde im Chaos versinken. Aber gerade wegen dieser Unabdingbarkeit erscheint es also umso dringlicher, auch die nicht sofort sichtbaren Auswirkungen struktureller Gewalt zu erfassen.

Die Ämter von Datenschutzbeauftragten, Ausländerbeauftragten usw. weisen schon in die richtige Richtung, auch wenn sie gelegentlich eher den Eindruck einer Feigenblattfunktion erzeugen.

3. Gewissen

Auch für die Definition des Gewissens gilt, daß die anthropologische und philosophische Vorentscheidung für den Standpunkt, von dem aus definiert wird, die Definition bestimmt. So heißt es hierzu im Philosophischen Wörterbuch, das im katholischen Herder-Verlag erschienen ist:

»Gewissen im weiteren Sinne bedeutet die Fähigkeit des menschlichen Geistes zur Erkenntnis der sittlichen Werte, Gebote und Gesetze, im engeren Sinne aber deren Anwendung auf das eigene, unmittelbar zu vollziehende Handeln. Es ist jene innere Instanz, die dem Menschen in einer ganz persönlichen, nicht überhörbaren Weise kundtut, was er tun und lassen soll, die als warnende, verbietende, gebietende oder erlaubende Stimme vor der Tat, als lobende oder richtende, verurteilende Macht (Gewissensbisse) nach der Tat ihr Urteil spricht. (...) Der Ursprung des Gewissens liegt in der Anlage des Menschen als Person und Ebenbild Gottes zur Verwirklichung sittlicher Werte sowie in der Fähigkeit zu ihrer Erkenntnis und Anwendung auf die persönliche individuelle Lage. (...)

Nicht mit dem Gewissen identisch, aber oft nur schwer von ihm unterscheidbar ist eine seelische Struktur, die Freud beschrieben und ›Über-Ich‹ genannt hat. Während das eigentliche Gewissen in einem sachlich begründeten Urteil der praktischen Vernunft die Freiheit des Menschen anspricht, gehört das Über-Ich dem Gefühlsbereich an und äußert sich in Angstgefühlen und Zwängen, die gelegentlich auch gegen bewußte Gewissensurteile und Willenseinstellung beharren können (Skrupel). Es geht entwicklungspsychologisch auf die Dressurseite der Kindheitserziehung zurück und entlastet das Gewissen in allen Situationen, die mit Recht von Sitte und Konvention vorentschieden sind.«

Im »Vokabular der Psychoanalyse« von Laplanche und Pontalis wird hingegen das Gewissen dem Über-Ich untergeordnet: »Freud sieht im Gewissen, der Selbstbeobachtung, der Idealbildung Funktionen des Über-Ichs«. Und weiter heißt es: »Wenn man den Begriff ›Über-Ich‹ in einem weiten und wenig differenzierten Sinne versteht, wie das in *Das Ich und Das Es* der Fall ist, wo das Wort erstmals vorkommt, umfaßt er die Verbots- und Idealfunktionen. Behält man das Ich-Ideal, wenigstens als besondere Substruktur, bei, so erscheint das Über-Ich hauptsächlich als eine Instanz, die ein Gesetz verkörpert und verbietet, es zu überschreiten.«

Für das Verständnis in diesem Buch können Gewissen und Über-Ich annähernd gleichsinnig eingesetzt werden, sofern dem Gewissen eben unbewußte und »unvernünftige« Anteile zugerechnet werden.

Unter entwicklungspsychologischen Gesichtspunkten erscheint es als bemerkenswert, daß »das Über-Ich eigentlich nicht nach dem Vorbild der Eltern, sondern des elterlichen Über-Ichs aufgebaut (wird); es erfüllt sich mit dem gleichen Inhalt, es wird zum Träger der Tradition, all der zeitbeständigen Wertungen, die sich auf diesem Wege über Generationen fortgepflanzt haben« (S. Freud, »Neue Folgen der Vorlesungen zur Einführung in die Psychoanalyse«, 1932).

Weiterhin muß noch im Zusammenhang mit Kap. XIV dieses Buches angeführt werden, daß die »Strenge« eines

Über-Ichs nicht zwangsläufig die »reale« Strenge in der Vermittlung von Geboten und Verboten widerspiegeln muß.

Auch in einer toleranten Erziehung kann sich ein strenges Über-Ich entwickeln, wenn ein lebhaftes, temperamentvolles Kind in der Konfrontation mit Erziehungsanforderungen die Wahrnehmung seiner eigenen – dann reaktiven – Wut bei sich abwehrt, indem es diese auf die Eltern projiziert. Das Kind erlebt sich dann weiterhin als »lieb«, die Eltern jedoch als doppelt »böse«. Letztere erscheinen dabei als Träger sowohl der eigenen Aggression als auch der, die das Kind auf sie projiziert hat.

Insbesondere bei der Introjektbildung (s. Kap. IV, V und XIV) bewirkt diese verdoppelte Aggressivität dann doppelt aggressive, d.h. strenge Introjekte.

Es gilt, diese Introjekte, die oft das Gewissen zu einem Großinquisitor werden lassen, von dem dann nur noch die Flucht möglich ist, zu entmächtigen.

In der Therapie von Straftätern, die als gewissenlos erscheinen, weil sie vor ihrem Gewissen flüchten mußten, gilt dann insbesondere der Satz, den Eberhard Schorsch wiederholt für die Therapie von Sexualstraftätern formuliert hat: »Man muß diesen Menschen ihre Würde wiedergeben. Diese Menschen haben ihre Würde gleich zweifach verloren, als Opfer und als Täter.« (S.a. Kap. XIII u. XIV).

Eine anthropologische Skizze »in erster Näherung« für das Gewissen lieferte Wolfgang Weig in der Zusammenfassung der Diskussion zur Dialogpredigt in Osnabrück-Dodesheide (s. S. 208).

»Gewissen wäre in erster Näherung zu definieren als eine psychische Instanz, die den Menschen das Gefühl von richtig und falsch bei Entscheidungen und Handlungen gibt. Selbstverständlich ist dieses Gefühl von äußeren Einflüssen wie soziokulturellem Kontext, der Lebensgeschichte und Erziehung nicht unabhängig. Wichtig scheint mir festzuhalten, daß Gewissen ein Konstrukt und keine konkrete Realität ist, zumindest nicht im materiellen Sinne.

Bei der Suche nach ›Gütekriterien‹ für das Gewissen könnte man m. E. drei Ebenen unterscheiden:

- Die kognitive: Das Gewissen sollte ›vernünftig‹ sein, d. h. zu vernünftigen und verständlichen Ergebnissen führen. Ausgangspunkt für die Bewertung könnte der kategorische Imperativ von Kant sein, also die Überlegung, ob die Anwendung der Grundsätze eines individuellen Gewissens als allgemeines Gesetz gedacht werden und dabei zu vertretbaren Ereignissen führen könnte.
- Die emotionale, die die physiologische einschließt: Die Ergebnisse der Gewissensentscheidung sollten dazu führen, daß es den Betroffenen ›gut geht‹, also emotionale Harmonie hergestellt wird, dies scheint im engen Zusammenhang mit physiologischen Gegebenheiten, also natürlichen Bedürfnissen des Menschen, zu stehen. Von daher ist insbesondere die katholische Auffassung von der Sexualmoral, als möglicherweise nicht im Einklang mit der Natur des Menschen stehend, zu hinterfragen.
- Die soziale Seite: Das Gewissen des einzelnen wird sich auch daran messen lassen müssen, wieweit es kommunizierbar und mit allgemeinen Regeln einer Gesellschaft vereinbar ist. Ein völlig einsames Einzelgewissen ist zumindest problematisch. Von daher wird entsprechend einer Richtung in der katholischen Moraltheologie vom einzelnen auch zu fordern sein, daß er seine Gewissensentscheidung im Dialog mit Vorgaben etwa der Kirche oder der staatlichen Rechtsordnung prüft, was nicht immer die Übereinstimmung im Einzelfall bedeuten muß.«

4. Gottes-Kindschaftsverhältnis

Damit ist keine romantische Idylle angesprochen. (Der Blick der Aufklärung auf das »dunkle Mittelalter« wie der der Romantik auf die »heile Welt« bilden zusammen eine falsche Alternative.) Hier ist lediglich gemeint, daß es ein »geschlossenes Weltbild« gab, in dem alle Dinge, jedes Tun und Leiden ihren Sinn, das heißt (Interpretations-)Ort hatten und sei es in apokalyptischen Vorstellungen. Das Gefühl völliger Sinnlosigkeit, in einen erklärbaren, aber sinnfreien Kosmos gestellt zu sein, ohne vorgegebenen Halt, ist dagegen erst eine zutiefst moderne Erfahrung. Etwas davon erkannte die Romantik in ihrem Zweifel an der »rationalistischen Entzauberung der Natur«, was sie mit einem Rückgriff auf eine vermeintliche heile Welt auszugleichen versuchte.

Die Kehrseite des tragenden Weltbezuges, in dem alles seinen vorgegebenen Platz hatte, war ein hohes Maß an Schuldzuweisung. Krankheit, Hungersnöte und individuelles Versagen schienen als Strafe Gottes für sündhaftes Leben.

5. Märchen

Elisabeth Lenk macht in ihrem Buch »Die unbewußte Gesellschaft« (1983) darauf aufmerksam, daß gerade auch ein Teil der Grimmschen Märchensammlung von den Gebrüdern Grimm im Sinne einer disziplinierenden bürgerlichen Gesellschaft mehrfach umgeschrieben worden ist. Es verblüfft daher nicht, wenn in unserer Märchenrunde häufiger sehr aufsässige Phantasien zu den Märchen entwickelt werden.

6. Objekt

Die Problematik reicht heute vielerorts schon über das verstummte Objekt hinaus, indem dessen handgreifliche Wirklichkeit in die Zeichen diverser Bildschirme, zum Beispiel auf der Intensivstation, aufgelöst wird. Das Objekt als Gegenüber verstummt nicht nur, es verschwindet aus meiner Sicht, ist nicht mehr (an)faßbar.

7. sensus communis/common sense

(Mit Dank an Siegfried Hodde und Wilfried Mahler für Recherchen zum common sense in der englischsprachigen Literatur.)

Der Begriff sensus communis hat eine lange, spannende Geschichte: Es war zunächst der alte, bereits von Aristoteles (383 bis 321 v. Chr.) aufgezeigte Gegensatz von praktischem und theoretischem Wissen, der in den altrömischen Begriff mit einging. Das praktische Wissen entzieht sich nach Aristoteles aufgrund der großen Vielfalt der Umstände, die es kennt, dem wissenschaftlich-rationalen Wissensbegriff. Jedoch kann vermöge der menschlichen Urteilskraft das je Einzelne aus der Vielfalt einem verbindlichen Allgemeinen untergeordnet und ethisch handlungswirksam werden.

Der Begriff sensus communis hatte gleichzeitig auch einen Beiklang, der im altrömischen Denken ein kritisches Element gegenüber den theoretischen Spekulationen der griechischen Philosophen enthielt. Für Thomas von Aquin (1225–1274) ist »der sensus communis die gemeinsame Wurzel der äußeren Sinne (wie Gehör- und Gesichtssinn, E. S.)

bzw. das sie kombinierende Vermögen, das über das Gegebene urteilt«, als eine allen Menschen mitgegebene Fähigkeit.*

Für den Philosophen Giovanni Battista Vico (1668–1744) ist hingegen der sensus communis ein Sinn für das rechte und das gemeine Wohl, der in allen Menschen lebt. Dieser Sinn wird in der Gemeinsamkeit des Lebens erworben.

In der humanistischen Tradition stehend, gibt Vico diesem Begriff eine besondere Färbung. Sensus communis meint also nicht nur eine allgemeine Fähigkeit der Erkenntnis, die allen Menschen zu eigen ist, sondern er ist zugleich der Sinn, der Gemeinsamkeit stiftet und durch die Gemeinsamkeit des Lebens gefördert wird. »Was dem menschlichen Willen seine Richtung gebe, meint Vico, sei nicht die abstrakte Allgemeinheit der Vernunft, sondern die konkrete Allgemeinheit, die die Gemeinsamkeit einer Gruppe, eines Volkes, einer Nation (...) darstelle. Die Ausbildung dieses gemeinsamen Sinnes sei daher für das Leben von entscheidender Bedeutung.«* Damit dies gelinge, verlange die Jugend Bilder für die Phantasie und die Ausbildung ihres Gedächtnisses. (Bezug in unserem Zusammenhang: play und fair play).

Günther Freudenberg (pers. Mitteilung) verweist auf die geselligkeitsstiftende Macht des sensus communis gerade auch bei Kant. »Sich selbst zum Trotz«, könnte man vielleicht hinzufügen.

Vorwiegend mit der Bedeutung Gemeinsinn hat der sensus communis im deutschen Sprachgebrauch bis heute überlebt. Hier hat die Kantsche Philosophie die anderweitige reichhaltige Tradition, die mit diesem Begriff verknüpft war,

* Zitat nach H.-G. Gadamer, »Wahrheit und Methode«, Tübingen 1975.

weitgehend abgewürgt. »That, however, did not kill all forms of the philosophy of the common sense« (Encyclopaedia Britannica).

Auch in Deutschland schien der Begriff sensus communis vor dem Hintergrund der Aufklärungsphilosophie zunächst eine eigene Dynamik zu entwickeln. Nachzulesen ist das bei Schiller (1759–1805) in den Briefen zur »Ästhetischen Erziehung«. Dort heißt es im 6. Brief unter Anspielung auf Kant: »Dadurch allein, daß in dem Menschen einzelne Kräfte sich isolieren und einer ausschließenden Gesetzgebung anmaßen, geraten sie in Widerstreit mit der Wahrheit der Dinge und nötigen den Gemeinsinn (sensus communis, E.S.), der sonst mit träger Genügsamkeit auf der äußeren Erscheinung ruht, in die Tiefen der Objekte zu dringen.« Und im 27. Brief hat sich der sensus communis zu einem »offenen Himmel des Gemeinsinns« gewandelt. Jedoch die Impulse, die von Schiller ausgingen, galten bald mit diesen zusammen als »gescheitert«.

Zeitgleich zu J. B. Vico stellte in England Antony Ashley Shaftesbury (1671–1713) die Würdigung der gesellschaftlichen Bedeutung von »wit and humour« unter den Titel sensus communis und berief sich dabei ausdrücklich auf die römischen Klassiker und ihre humanistischen Interpreten. Gadamer betont, daß der sensus communis, der bei Shaftesbury wie eine soziale Umgangstugend erscheine, im Grunde ein starkes moralisches Moment aufweise.

Eine zentrale Funktion hatte der sensus communis dann in der »Philosophy of common sense« der Schotten Thomas Reid (1710–1796), Adam Ferguson (1723–1816) und Dugald Stewart (1753–1828).

»This trend of thought was a reaction or revolt against the skepticism of Hume and the subjective idealism of Berkeley«

(Encyclopaedia Britannica). Diese philosophische Richtung wendete sich also gleichermaßen gegen die Metaphysik von George Berkeley (1685–1753) wie gegen den Skeptizismus von David Hume (1711–1776). Hume war Schüler von Shaftesbury.

Die Untersuchung der Sinne und ihre Erkenntnisleistungen in der philosophy of common sense sollte dazu dienen, die Übertreibungen der philosophischen Spekulationen zu korrigieren. Gleichzeitig wird dabei aber der Bezug des common sense auf die Gesellschaft betont. Die Philosophie des gesunden Menschenverstandes war nicht nur ein Heilmittel gegen die »Mondsüchtigkeit« der Metaphysik, sie enthielt auch eine anthropologische Grundlage für eine Moralphilosophie. Der von den »schottischen Philosophen« entwickelte Begriff des common sense ist bis zum heutigen Tage inhaltlich unverändert wirksam geblieben. In Frankreich entspricht er dem »bon sens« und wurde dort insbesondere von Henri Bergson (1859–1941) populär gemacht. In Deutschland war es noch der Pietismus, bei dem der sensus communis in der Ausformulierung von Shaftesbury auf fruchtbaren Boden fiel. Der schwäbische Prälat Friedrich Christoph Ötinger (1702–1782) betonte die gemüthafte Seite des sensus communis, sich dabei auch auf Pascals (1623–1662) »Herzenslogik« berufend.

Mit der Zurückdrängung des Pietismus im späteren 18. Jahrhundert schwand dann auch die Bedeutung des sensus communis in Deutschland im Unterschied zu England und Frankreich.

Im Englischen findet sich heute noch sowohl die Bedeutung von common sense als »gesunder Menschenverstand« als auch die von »Gemeinsinn«. So heißt es im Concise Oxford Dictionary zum common sense: »Normal understanding, good practical sense in everyday affairs, general feeling of mankind or community«.

So ist es denn auch kein Zufall, daß es der englische Arzt und Kinderanalytiker Donald W. Winnicott war, der auf den anthropologisch-therapeutischen Zusammenhang »Spielen – gemeinsames Spielen – geselligkeitsstiftendes, gemeinsames kulturelles Erleben« hinwies. (Vom Spiel zur Kreativität, 1979).

8. Supervision

Im engeren Sinne »Kontrolle« der Therapien, die ein in Ausbildung befindlicher Analytiker durchführt. Untersucht wird mit Hilfe eines erfahrenen Analytikers die Angemessenheit der Reaktionen des sich in Ausbildung befindlichen Analytikers. Dies insbesondere im Hinblick auf eigene Gefühlsreaktionen, z. B. im Sinne der Gegenübertragung.

Im weiteren Sinne meint Supervision Beratung eines Einzeltherapeuten oder eines therapeutischen Teams bezüglich einer angemessenen Verarbeitung der Gefühle und Phantasien, die in der Arbeit mit den Patienten und dem Umgang der Teammitglieder untereinander entstehen. Der Supervisor hat die Aufgabe, Fehler in der Methode zu korrigieren, Behandlungsstörungen durch eigene seelische Abläufe der Helfer aufzudecken und diesen zu helfen, ihre Kompetenz richtig einzuschätzen. Für die Supervision eines Teams ist es erforderlich, daß der Supervisor nicht selber zu dem Team gehört oder als Vorgesetzter in irgendeiner Instanz Disziplinargewalt ausüben kann.

9. Traum und primärprozeßhaftes Denken

Das primärprozeßhafte Denken ist »primär« in zeitlicher Hinsicht, insofern es das Erleben des Kleinkindes bezeichnet, d.h. es bestimmt das Selbst- und Weltverhältnis eines Wesens, das überhaupt erst zwischen sich und »Außenwelt« zu unterscheiden lernt, die Grenzen seines Leibes austestet, Phantasie und Realität, Macht und Ohnmacht differenzieren muß.

»Primär« in logischer Hinsicht ist dieses Denken, weil es die Voraussetzungen bildet für das sekundärprozeßhafte, d.i. das Denken, das sich an die Logik und die Naturgesetze hält.

Dennoch streifen wir das primärprozeßhafte Denken nicht einfach ab, wenn wir erwachsen werden. In Träumen, in der Kunst, im Spielen, überhaupt im Bereich der Phantasie spielt es eine wichtige – gar nicht »primitive« – Rolle.

Einige Annäherungen an das primärprozeßhafte Denken:

- Kinder sind traurig darüber, daß der Pudding nicht mehr da ist, nachdem sie ihn gegessen haben. (Es fehlt die Negation.)
- Kinder fahren in Urlaub, z.B. ins Ferienhaus, wachen auf und sind traurig, daß draußen nicht »ihr« Sandkasten ist, der zu Hause neben der Wohnung liegt.

Für den Erwachsenen sind seine Träume das beste Anschauungsmaterial:

- Die Unterscheidung von Gegenwart, Vergangenheit und Zukunft kann fehlen (z.B. ich sehe mich als Erwachsener im Geburtshaus, das schon lange nicht mehr steht).
- Ebenso ist die Ordnung des Raumes aufgehoben; nicht einmal die Einheit der Person ist gegeben (im Traum kann ich selbst in mehreren Figuren anwesend sein).

- Verdichtung: In der Traumfigur vereinigen sich mehrere reale Figuren, z. B. Eltern und Lehrer.
- Verschiebung: Ein Teil vertritt das Ganze (so wie real das Kleinkind auf den Hut am Kleiderhaken schaut und »Papa« ruft). In der Psychodynamik von Phobien wirkt ebenfalls der Modus der Verschiebung: Angst vor Spinnen meint eigentlich (vielleicht) die Angst vor der eigenen sexuellen Impulsivität.
- Verkehrung ins Gegenteil (Zuwendung meint eigentlich Haß o. ä.).

Im Primärprozeßhaften gibt es keine (bilderlosen) Abstraktionen, auch der allgemeinste Begriff stellt sich als anschauliches Bild dar. (Gerade deshalb fördert die Balint-Arbeit das visuelle Phantasieren, die Wiederaneignung eines – fast – verlorenen Bezuges zur symbolischen Wirklichkeit).

Das primärprozeßhafte Denken ist aufsässig, es ignoriert »Sachzwänge«!

Primärprozeßhaft	Sekundärprozeßhaft
– entwicklungspsychologisch früher	– entwicklungspsychologisch später
– aber nicht »primitiv«, sondern weiterbildungsfähig im »Raufen mit dem Objekt« der äußeren Realität	– in der Auseinandersetzung mit der Außenrealität über »feedback« Übernahme von Raum-Zeit-Koordination. Es gelten die Gesetze der Logik und der Syntax
– Bedeutungsfülle	– Bedeutungseinengung
– Begriffliche Unschärfe	– Begriffliche Präzision
– Konnotation	– Denotation

– Es geht die Geschichte des Individuums einschließlich der sensomotorischen Erfahrung mit in das Symbol ein, ferner finden sich auch phylogenetische Relikte (Archetypen) als feststehende transkulturelle Symbole	– Lexikalische Verbindlichkeit, »bit-mäßige« Umsetzbarkeit
– Synästhesie	– Isolieren z. B. einer einzelnen Frequenz
– »homo ludens«	– »homo faber«

Primärprozeß und Sekundärprozeß kennen kein Entweder/Oder im Alltagsdenken, sondern durchdringen einander. Primärprozeßhaftes Denken läuft sowohl bewußt als auch unbewußt ab. Der Traum ist das Vorbild für schöpferisches, nicht erzwingbares Schaffen.

Für Freud war der Traum die via regia zum Unbewußten. Seine »Traumdeutung« (1900) muß sicherlich ergänzt werden, bleibt aber immer noch bedeutsam. Freuds Arbeitsweise war die einer detektivischen Archäologie: jeder Traum ist Wunscherfüllung; aber das, was wir vom Traum erinnern, sein »manifester Inhalt«, ist eine verfälschte Spur.

Der manifeste Traum gleicht einer Maskerade, hinter der sich die »wahren« Traumgedanken (meist anstößige, sexuelle Wünsche) verbergen. Die unbewußten, latenten Traumgedanken werden vom Ich »zensiert«, es repräsentiert selbst noch im Schlaf die Maßstäbe von Anstand und Sitte (Gewissen): so darf z. B. der Impuls, den Vater zu (er)schlagen, nicht zugelassen werden. Hier setzt die »Traumarbeit« ein, sie verkleidet die ursprünglichen Gedanken so, daß sie an der

Zensur vorbei, ins Traumbewußtsein gelangen können. Dabei bedient sie sich verschiedener »Mechanismen«: z.B. Verdichtung, Verschiebung, Verkehrung ins Gegenteil u.a. Abschließend wird in der Traumarbeit aus den verschiedenen Teilen eine sinnvolle »Geschichte« zusammengesponnen (sekundäre Bearbeitung), die wir dann als Traum erleben.

»Traumdeutung« bedeutet die Rückgängigmachung der Traumarbeit, um zu den verbotenen Wünschen als den latenten Traumgedanken vorzudringen. Der manifeste Traum war für Freud lediglich Ballast bei diesem Unternehmen. In theoretischer (Metapsychologie) und besonders therapeutischer Hinsicht hat da in den letzten Jahrzehnten eine Umorientierung stattgefunden, die u.a. dem manifesten Traum wieder größeres Gewicht gab. C.G. Jung und seine Nachfolger, aber auch schon Erich Fromm und die amerikanische Ich-Psychologie betonten die Symbol- und Sinnhaftigkeit des manifesten Traumes. Die Traumarbeit ist mehr und anderes als zensurbedingte »Verschleierung« verbotener Wünsche, sie ist ein kreativer Akt, der manifeste Traum ein eigenständiges »Kunstwerk«. Mehr noch: in Träumen werden nicht nur verbotene Wünsche erfüllt (Lustprinzip), sondern mitunter Konfliktlösungen »ausprobiert«. Sie haben oft den Charakter kreativer Selbstdarstellungen.

Spiel und Traum sind einander verwandt: Im Spiel agiert das Kind magisch, verknüpft Innen- und Außenraum, befreit vom Leistungsdruck, ein Wechselspiel von Selbst- und Welterfahrung. Doch im Gegensatz zum Traum stößt es im Spiel auch auf die Realität (»stößt sich« durchaus im wörtlichen Sinne) und integriert sie. Spiel und Traum ermöglichen das Ausleben archaischer, verbotener Impulse und deren Integration (Sublimierung zumindest eines Teils statt Verdrängung oder Projektion).

Wenn wir so den Traum als kreative Ausdrucksgebung verstehen – bei einigen Menschen die einzige schöpferische Leistung –, so hat dies Folgen für die Therapie: Die detektivische Suche nach den latenten Traumgedanken kann von diagnostischem Wert sein. Diese Deutung seitens des Therapeuten für die Patienten aber als die eigentliche und einzige »Wahrheit« seines Traumes vorzustellen, bedeutet eine Entwertung der kreativen Gestaltung seines manifesten Traumes: Die phantastische Fülle von Bildern, die er als seine eigene Produktion angenommen hat, auf die er möglicherweise stolz ist oder für die er sich vielleicht auch schämt, soll nun nichts anderes sein als Maske, Verzerrung, Ballast?

Stellt sich im Traum das Selbst dar, so kommt eine reduktive Deutung einem Angriff auf die Selbstgestaltungsmöglichkeiten des Selbst gleich: eine Enteignung des Intimsten.

Literatur

Anders, Günther (1992): Die Antiquiertheit des Menschen, Bd. 1, Über die Seele im Zeitalter der zweiten industriellen Revolution; Bd. 2, Über die Zerstörung des Lebens im Zeitalter der dritten industriellen Revolution. Beck; München.

Aust, Stefan (1989): Der Baader-Meinhof-Komplex. Knaur; München.

Balint, Michael u. Balint, Enid (1976): Psychotherapeutische Techniken in der Medizin. Klett; Stuttgart.

Bauriedl, Thea (1992): Wege aus der Gewalt, Analyse von Beziehungen. Herder; Freiburg i. Br.

Beagle, Peter S. (1983): Der Garten der Lüste. Unsere Welt in den modernen Malereien des Hieronymus Bosch; DuMont, Köln.

Blöcker, Monica (1979/82): Der Tagtraum, in: Kindlers »Psychologie des 20. Jahrhunderts«, Psychologie der Kultur, Bd. 2, Imagination, Kunst und Kreativität; Hrsg.: Gion Condrau Lizenzausgabe im Beltz-Verlag; Weinheim, Basel.

Bräutigam, Walter (1991): Bindung und Sexualität in psychoanalytischen Theorien und in der Praxis. Psychotherapie, Psychosomatik, Medizinische Psychologie 41, S. 295–305.

Duhme, Gottfried (1993): Der therapeutische und sozialintegrative Aspekt des Faches Musik auf der Grundlage des Modellversuchs »Orchesterspiel im Klassenverband« an der Erich-Klausener-Schule in Herten. Musik-, Tanz- und Kunsttherapie 4/1993, S. 183–185.

Elias, Norbert (1981): Zivilisation und Gewalt, in: Lebenswelt und soziale Probleme; Hrsg.: Matthes, J., Campus, Frankfurt.

Ende, Michael (1973): Momo. Thienemann; Stuttgart.

Fatke, Reinhard (1978/86): Heilende und erziehende Kräfte in der kindlichen Phantasie, in: »Kindlers Psychologie des 20. Jahrhunderts«, Psychologie und Erziehung, Hilfe bei Entwicklungsstö-

rungen, Bd. 2, Hrsg.: Walter Spiel. Ebd. Lizenzausgabe im Beltz Verlag, Weinheim, Basel.
Foucault, Michel (1988): Die Geburt der Klinik. Eine Archäologie des ärztlichen Blickes. Fischer; Frankfurt/Main.
Freud, Sigmund (1929/31, 1974): Das Unbehagen in der Kultur. S. Fischer; Frankfurt/Main.
Freudenberg, Günter (1960): Die Rolle von Schönheit und Kunst im System der Transzendentalphilosophie. Anton Hain; Meisenheim/Glan.
Frisch, Max (1957): Homo Faber. Suhrkamp; Frankfurt/Main.
Fromm, Erich (1971): Die Revolution der Hoffnung. Für eine Humanisierung der Technik. Klett-Cotta; Stuttgart.
Gadamer, Hans.-G. (1960/75): Wahrheit und Methode. Mohr; Tübingen.
Galtung, Johan (1975): Strukturelle Gewalt. Rowohlt, Reinbek.
Hannich, H.-J. (1993): Bewußtlosigkeit und Körpersprache. Überlegungen zu einem Handlungsdialog bei der Therapie komatöser Patienten. Praxis der Psychotherapie und Psychosomatik 38, S. 219–226.
Huizinga, Johan (1956): Homo ludens. Vom Ursprung der Kultur im Spiel. Rowohlt; Reinbek.
Krämer-Badoni, Rudolf (1992): Judenmord, Frauenmord, Heilige Kirche. Fischer; Frankfurt/Main.
Lorenzer, Alfred (1984): Intimität und soziales Leid. Archäologie der Psychoanalyse. S. Fischer; Frankfurt/Main.
Mitscherlich, Alexander (1965): Die Unwirtlichkeit unserer Städte. Anstiftung zum Unfrieden. Suhrkamp; Frankfurt/Main.
Moltmann, Jürgen (1994): Die Flügel nicht stutzen. Warum wir Utopien brauchen. Patmos; Düsseldorf.
Natorp-Huesmann, Elke (1989): Juristen und Psychoanalytiker im gruppendynamischen Dialog. Deutsche Richterzeitung 12, 67. Jg.
Natorp-Huesmann, Elke (1990): 45 Jahre »danach«. Haben wir das NS-Trauma verarbeitet? Deutsche Richterzeitung 7, 68. Jg.
Palmowski, Bernhard (1993): Ergebnisse der Säuglingsforschung und ihre klinische Relevanz für die Psychoanalyse un-

ter dem Blickwinkel des Konzeptes der Intentionalität. Zeitschrift für psychosomatische Medizin und Psychoanalyse 39, S. 265–283.

Petri, Horst (1993): Umweltzerstörung und die seelische Entwicklung unserer Kinder. Kreuz-Verlag; Stuttgart.

Petri, Horst (1994): Spielende Kinder sind spielende Kinder, Verlust bewährter Bindungen und Zukunft ohne Sicherheit. Ev. Kommentare 27, S. 218–220.

Picht, Georg (1987): Kunst und Mythos. Klett-Cotta; Stuttgart.

Picht, Georg (1989): Der Begriff der Natur und seine Geschichte. Klett-Cotta, Stuttgart.

Pott, Hans-Georg (1980): Die schöne Freiheit. Eine Interpretation zu Schillers Schrift »Über die ästhetische Erziehung des Menschen«. Fink; München.

Rauchfleisch, Udo (1992): Allgegenwart von Gewalt. Vandenhoeck, Göttingen.

Richter, Horst-E. (1972): Die Gruppe. Hoffnungen auf einen Weg, sich selbst und andere zu befreien. Psychoanalyse in Kooperation mit Gruppeninitiativen. Rowohlt; Reinbek.

Richter, Horst-E. (1975): Lernziel Solidarität. Rowohlt; Reinbek.

Richter, Horst-E. (1979): Der Gotteskomplex. Die Geburt und die Krise des Glaubens an die Allmacht des Menschen. Rowohlt; Reinbek.

Richter, Horst-E. (1993): Wer nicht leiden will muß hassen. Zur Epidemie der Gewalt. Hoffmann und Campe; Hamburg.

Schiller, Friedrich (1981): Über die ästhetische Erziehung des Menschen in einer Reihe von Briefen, in: Wolfgang Düsing, Friedrich Schiller; Über die ästhetische Erziehung des Menschen; Texte, Materialien, Kommentar. Hanser; München, Wien.

Speidel, Hubert (1994): Tabus von heute – Probleme von morgen. Psychotherapie, Psychosomatik, Medizinische Psychologie 44, S. 145–152.

Winnicott, Donald W. (1979): Vom Spiel zur Kreativität. Klett-Cotta; Stuttgart.

Wurmser, Leon (1989): Wiederholungszwang und Konflikte. Zur Abwehr- und Über-Ich-Analyse schwerer Neurosen. Praxis der Psychotherapie und Psychosomatik 34, S. 225–240.

Wurmser, Leon (1993): Flucht vor dem Gewissen. Springer; Berlin, Heidelberg, New York.
Wurmser, Leon (1993): »Die blutige Fußspur im Schnee«. Scham, Schuld und Gewissenskonflikte in der Psychotherapie. Praxis der Psychotherapie und Psychosomatik 38, S. 65–75.
Zulliger, Hans (1979): Heilende Kräfte im kindlichen Spiel. Fischer; Frankfurt/Main.

Liebe Leserin, lieber Leser,

im Frühjahr 1999 startet die neue Reihe Beltz Taschenbuch. Hier finden Sie Fachbücher vom Feinsten zu Taschenbuchpreisen!

Die Disziplinen: Psychologie, Sozialarbeit und Pädagogik – mit bewährten Titeln, interdisziplinären Essays und vielen Originalausgaben.

Das Spektrum reicht von Einführungstexten und »Klassikern« für Studenten, über Praxisbücher für Psychologen und Therapeuten, Erzieherinnen und Sozialarbeiter bis hin zu pädagogischen und psychologischen Ratgebern für Eltern.

Suchen Sie Bücher für die Praxis? Eine qualifizierte Einführung in eine Disziplin? Und das alles zu moderaten Preisen? Dann sind Sie bei Beltz Taschenbuch genau richtig.

Überzeugen Sie sich selbst: Alle Bücher der Reihe werden in diesem Prospekt vorgestellt.

Mit freundlichen Grüßen

v. Seggern

(Anna-Christine v. Seggern)

PÄDAGOGIK

BELTZ Taschenbuch

Doris Daurer
Staunen Zweifeln Betroffensein
Mit Kindern philosophieren
Beltz Taschenbuch 14, 216 Seiten,
DM 20,– ISBN 3 407 22014 6

Auf Hawaii entdeckte die Erziehungswissenschaftlerin Doris Daurer bei ihrem Mentor Dr. Jackson eine Methode, nach der Kinder über ihre Wahrnehmung der Welt philosophisch nachdenken und sprechen können – in ganz normalen Unterrichtseinheiten, Kursen und auch schon im Kindergarten.

Ute Andresen
Versteh mich nicht so schnell
Gedichte lesen mit Kindern
Beltz Taschenbuch 36, 320 Seiten,
DM 24,– ISBN 3 407 22036 7

Gedichte sind für alle da! Wir können sie miteinander teilen, uns im Gedicht verständigen. Nur sollten wir uns leise nähern. Respektvoll, aber ohne Scheu. Ein dreifacher Dialog entsteht, wenn Kinder und Erwachsene sich miteinander Gedichten zuwenden, und dreifach die Mahnung beherzigt wird: Versteh mich nicht so schnell!

ESSAY

BELTZ
Taschenbuch

Hartmut von Hentig
Bildung
Ein Essay
Beltz Taschenbuch 35, 208 Seiten,
DM 20,– ISBN 3 407 22035 9

»Die Antwort auf unsere behauptete oder tatsächliche Orientierungslosigkeit ist Bildung – nicht Wissenschaft, nicht Information, nicht die Kommunikationsgesellschaft, nicht moralische Aufrüstung, nicht der Ordnungsstaat, nicht ein Mehr an Selbsterfahrung und Gruppendynamik, nicht die angestrengte Suche nach Identität.«
Hartmut von Hentig

Reinhard Kahl
Lob des Fehlers
Übergänge von der belehrten zur lernenden Gesellschaft
Beltz Taschenbuch 31, 208 Seiten,
DM 24,– ISBN 3 407 22031 6

Die Zeit der Anwender und Anpasser läuft am Ende der industriellen Moderne aus. Wo Fehler verboten sind, herrscht Stillstand. Der Bildungsjournalist Reinhard Kahl plädiert für Fehlertoleranz. Er porträtiert eine Gesellschaft, die lernt zu lernen: ihre Vordenker und Protagonisten in Schulen, Hochschulen und in der Wirtschaft.

PSYCHOLOGIE

BELTZ Taschenbuch

Hans Peter Nolting / Peter Paulus
Psychologie lernen
Eine Einführung und Anleitung
Beltz Taschenbuch 18, 240 Seiten,
DM 26,– ISBN 3 407 22018 9
Vollständig überarbeitete Neuausgabe

Eine Einführung in die Psychologie für alle, die sich mit ihr vertraut machen wollen: Studenten, Menschen, die in pädagogischen Berufen arbeiten, aber auch für interessierte Laien. Ein Buch, das mit vielen Beispielen Überblick verschafft und den Schwerpunkt auf selbstständiges Lernen legt.

Otto Marmet
Ich und du und so weiter
Eine kleine Einführung in die Sozialpsychologie
Beltz Taschenbuch 25, 112 Seiten,
DM 16,– ISBN 3 407 22025 1

Was ist eine Gruppe, was eine soziale Rolle? Was heißt eigentlich Kommunikation? Otto Marmets kleiner Abriss der Sozialpsychologie führt anschaulich und leicht verständlich in die wichtigsten Grundbegriffe ein. Vorkenntnisse und Fremdwörterbuch sind nicht nötig!

PSYCHOLOGIE

BELTZ Taschenbuch

Stefan Schmidtchen
Klientenzentrierte Spiel- und Familientherapie
Beltz Taschenbuch 17, 168 Seiten,
DM 22,– ISBN 3 407 22017 0

Auf Störungen innerhalb ihres Familiensystems reagieren Kinder oft ihrerseits mit psychischen Störungen. Die Behandlung kann nur erfolgreich sein, wenn die Familie mitbehandelt wird. Stefan Schmidtchen hat seine klientenzentrierte Spieltherapie auf systemischer Grundlage entwickelt.

Ulrike Petermann
Entspannungstechniken für Kinder und Jugendliche
Ein Praxisbuch
Beltz Taschenbuch 19, 106 Seiten,
DM 18,– ISBN 3 407 22019 7

Entspannungstechniken und Ruherituale für die pädagogische und therapeutische Arbeit: Wenn Übererregung, Aggression und Anspannung abgebaut werden können, sind gerade verhaltensauffällige Kinder und Jugendliche leichter zugänglich.

PSYCHOLOGIE

BELTZ Taschenbuch

Aaron T. Beck et al.
Kognitive Theorie der Depression
Aus dem Amerikanischen von
Gisela Bronder und Brigitte Stein
Hrsg. von Martin Hautzinger
Beltz Taschenbuch 23, 415 Seiten,
DM 34,– ISBN 3 407 22023 5

Der weltweit anerkannte und bewährte Ansatz zur Behandlung von Depressionen: Aaron T. Beck erklärt sein Modell und geht konkret und ausführlich auf die kognitive Therapie für depressive Patienten ein.

Martin E.P. Seligman
Erlernte Hilflosigkeit
Aus dem Amerikanischen
von Birgit Rockstroh
Mit einem Anhang
von Franz Petermann
Beltz Taschenbuch 16, 271 Seiten,
DM 28,– ISBN 3 407 22016 2

Das Gefühl, die Kontrolle zu verlieren, hilflos zu sein, kann weitreichende Folgen haben: Depression, Angst und schließlich Apathie. Martin Seligmans bahnbrechende Untersuchung aus dem Jahre 1974 ist ein Standardwerk der Sozialwissenschaften.

BELTZ
Taschenbuch

BELTZ
Taschenbuch

Verlagsgruppe Beltz
Postfach 10 01 54
69441 Weinheim
Preisänderungen und Irrtum vorbehalten.
00201/2.99/40.000/19179

www.beltz.de

BELTZ
Taschenbuch

Verlagsgruppe Beltz online -

Willkommen im Internet!